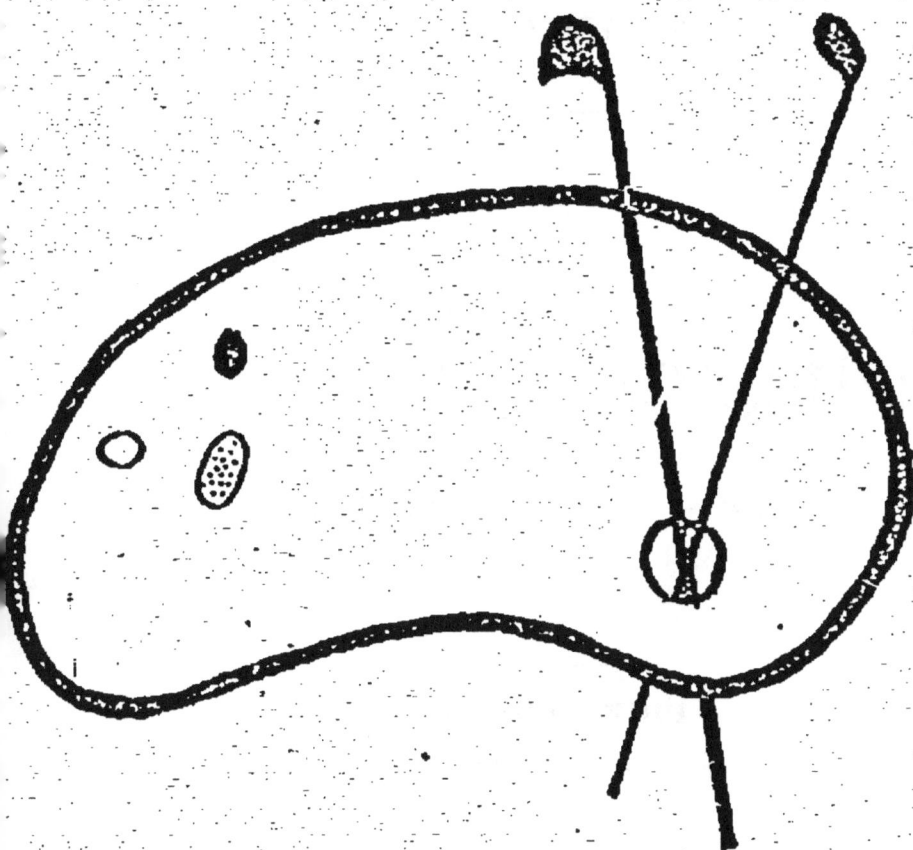

DEBUT D'UNE SERIE DE DOCUMENTS
EN COULEUR

BIBLIOTHÈQUE THÉOSOPHIQUE

GEORGES CHEVRIER

La Mission Créatrice

Plans — Ego — Réincarnation

PRIX : 2 francs 50

PARIS
PUBLICATIONS THÉOSOPHIQUES
81, RUE DAREAU (XIVe)

1917

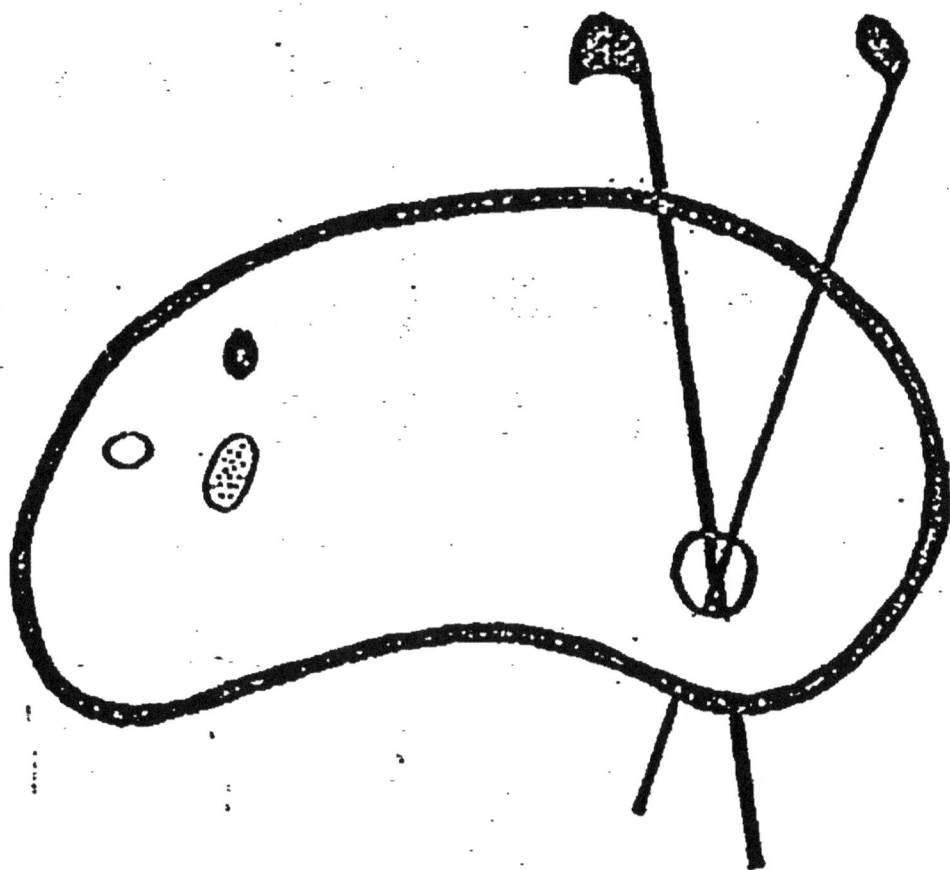

FIN D'UNE SERIE DE DOCUMENTS
EN COULEUR

La Mission Créatrice

La *Bibliothèque Théosophique* se compose d'ouvrage
publiés sous le patronage du *Comité de Publications
Théosophiques*, Square Rapp, 4, Paris (VII⁰).

BIBLIOTHÈQUE THÉOSOPHIQUE

GEORGES CHEVRIER

La
Mission Créatrice

Plans — Ego — Réincarnation

PRIX : 2 francs 50

PARIS
PUBLICATIONS THÉOSOPHIQUES
81, RUE DAREAU (XIVᵉ)

1917

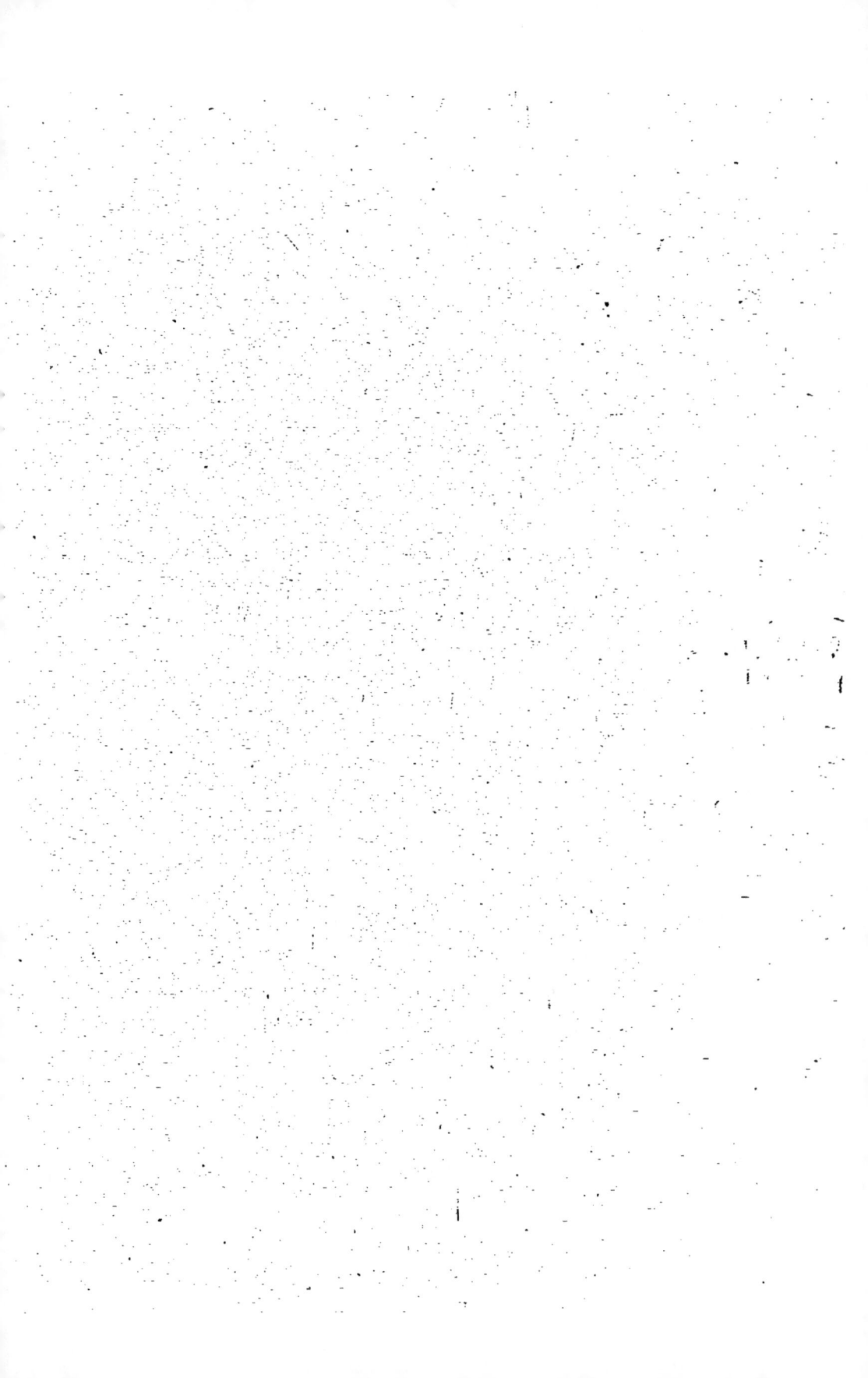

MATIÈRE, PLANS ET ÉTATS DE CONSCIENCE

I. — *Tout objet de perception est mouvement ; toute perception résulte d'une modification de mouvement.*

II. — *Au mouvement, l'esprit postule un mobile : il nomme ce mobile* matière.

III. — *Aux modifications de mouvement, l'esprit postule une cause : il la nomme* force.

De ces trois notions : mouvement, matière et force, la première seule peut être considérée comme réalité objective ; les deux autres sont de pures abstractions. Comme il n'est pas d'impression sensorielle qui n'ait son origine dans un mouvement transmis à un centre vibratoire, il s'ensuit que les multiples aspects du monde objectif — la *Manfiestation* tout entière — tout ce qui existe et tout ce à quoi l'imagination peut attribuer les notions de forme et de qualité — tout cela est mouvement, et notre conception de l'univers pourrait se borner là.

1

Mais *parce que* nous ne saurions concevoir de mouvement sans mobile, nous imaginons « quelque chose » qui existe *per se* et dont l'état, caractérisé par un attribut qui ne soit pas une forme de mouvement, demeure constant, invariable, quelles que soient les conditions de vitesse et de position par lesquelles il passe. Ce « quelque chose », nous l'appelons matière, élément matériel — et son unique attribut est *l'inertie*, mot qui n'a pas d'autre sens que celui d'une pure et simple négation : la négation de tout élément commun par lequel l'état *mouvement* et l'état *matière* pourraient, en réagissant l'un sur l'autre, se modifier réciproquement.

D'autre part, tout change, tout se modifie sans interruption, et nos perceptions, basées sur la notion de différences, n'existent que par ces changements. Ce sont là des effets auxquels l'esprit postule une cause. Or, il ne la trouve pas dans la notion *mouvement*, puisque c'est cela même qui est modifié : subissant la cause, le mouvement ne peut en être l'agent. Il ne la trouve pas non plus dans la notion *matière*, puisque, par définition, l'élément matériel est inerte, c'est-à-dire incapable d'agir sur le mouvement. Ne pouvant déduire cette cause des notions précédentes, l'esprit la crée comme il a déjà créé l'élément matériel — et il l'appelle Force.

Ainsi, derrière cette résultante concrète — le mou-

vement manifesté comme objet de sensation — l'esprit
perçoit deux composantes abstraites qu'il dénomme
matière et force. Remarquons-le : tout irréductibles
que soient l'une à l'autre ces deux notions, elles ne
constituent pas deux unités distinctes, mais bien
une dualité inséparable, parce qu'inséparablement
liée à l'unité commune — le mouvement — qui sert
de base objective à leur concept. On peut se les représenter comme les deux pôles + et —, les deux aspects actif-passif d'une seule chose non manifestée
en soi, mais dont ce qui nous apparaît comme mouvement serait le reflet sur le plan de la manifestation ;
la force, qui régit le mouvement, étant l'aspect actif, le pôle + ; la matière qui le subit, étant l'aspect
passif, le pôle —.

L'une et l'autre sont constantes, rigoureusement
immuables. Pour l'élément matériel, cela résulte immédiatement de sa définition ; il en est de même pour
la force, car elle ne saurait être modifiée que par une
cause étrangère à elle-même, et elle est, par définition,
la cause de tout changement. Aussi, le principe à
double aspect, le bi-axiome moderne : conservation de
l'énergie et conservation de la matière, se réduit-il à
une tautologie quand on l'applique au substratum matériel et à la force abstraite ; il n'est d'ailleurs vraiment rigoureux que dans ce cas, à l'exclusion de
toute application portant sur l'une ou l'autre des deux
classes d'objets de perception auxquelles on attribue

les dénominations respectives d'*énergie* et de *matière pondérable*.

Q'uest-ce que l'énergie et qu'est-ce que la matière dite pondérable ? Nous remarquerons d'abord que cette dernière dénomination est pleinement contradictoire : en tant qu'on admette — ainsi qu'on a toujours prétendu le faire jusqu'à présent — l'irréductibilité des deux notions force et matière, il tombe sous le sens que la matière ne saurait être, *par elle-même*, pondérable, attendu que le poids est le résultat d'une force, s'exprime en unités de force, et ne saurait sauf infirmation de la distinction fondamentale entre force et matière, être donné comme attribut à la matière. En fait, un « corps matériel » tel qu'un morceau de cuivre, n'est pas plus *matière* qu'un agent impondérable, comme la chaleur ou l'électricité, n'est *force*. Ce sont là deux *formes* complexes d'un même tout unique, qui est la dualité force-matière, aussi nécessairement présente dans ce que nous appelons énergie que dans ce que nous appelons matière. C'est ce qui explique l'origine de l'antinomie que je viens de signaler : si la matière du physicien et du chimiste se trouve être — d'une façon tant soit peu déroutante pour la raison — caractérisée par un attribut *force*, cela provient de l'adaptation gratuite d'une notion abstraite — le substratum inerte, postulé comme condition de possibilité pour le mouvement — à des objets concrets. L'esprit est libre de créer des entités métaphysiques, mais il n'est pas le maître de les imposer à la nature par une identification *a priori* avec des objets de perception ; et lorsque le physicien cherche la matière là où son imagination la place, que trouve-t-il ? la force, ou tout au moins précisément ce qui se rattache dans son esprit à l'idée de force par opposition à l'idée de matière. Comment, en effet, la matière intervient-elle, en mécanique et en physique ? Par la notion de *masse* ; et comment la masse est-elle qualifiée qualitativement ? Par la gravitation, qui est essentiellement une force. Et nulle autre qualification ne semble possible : *on ne mesure pas la matière — quantitativement, la matière n'existe pas.* Qualitativement non plus, puisque toute qualité est mouvement.

Et cependant, il y a à la base de cette distinction que notre conscience établit entre la forme *énergie* et la forme *matière* quelque chose de réel, un élément fondamental de différenciation qui doit vraisemblablement se reproduire sur toute l'échelle des états de conscience. Ce critérium, nous le trouvons dans *la possibilité ou l'impossibilité de concevoir un objet* (1) *donné comme mobile ou substratum d'un mouvement...* Si cette possibilité existe, nous ran-

(1) Par objet, j'entends ici tout ce qui peut être perçu par nos sens : aussi bien une modalité de l'énergie, comme la chaleur, qu'un corps pondérable.

geons l'objet dans la catégorie matière : c'est le *corps*, pondérable ou non ; dans le cas contraire, il rentre dans la catégorie *énergie*. C'est là une distinction rationnelle, parce qu'elle se rattache à l'idée générale de matière telle que nous l'avons définie plus haut. Cette idée est tout entière contenue dans la nécessité d'attribuer un mobile au mouvement, forme concrète de toute manifestation. Nous ne découvrons, il est vrai, nulle part ce mobile idéal, puisqu'il ne possède aucune des qualités qui le rendraient perceptible à nos sens ; mais la nature nous offre toute une classe de perceptions dont les formes diverses sont susceptibles d'être considérées à l'état de repos ou de mouvement *relatifs*, et participent par là au caractère fondamental de notre substratum métaphysique. Cela suffit pour que l'idée abstraite de matière s'attache à ces formes, s'y incarne, pour ainsi dire ; elles sont, à ce point de vue, réellement *matière* par rapport au mouvement qui les fait ou les ferait passer d'une position à une autre *sans modifier leur état initial*. D'autre part, en tant que *formes perçues*, elles sont *mouvement*, et le substratum de ce mouvement est l'atome, dont les trajectoires fermées déterminent leur contour apparent; enfin, ces atomes eux-mêmes, matière par rapport à ces formes, sont mouvement comme formes atomiques qualifiées par certains caractères physico-chimiques, mouvement par rapport à un substratum moins complexe — et ainsi de suite : *chaque forme manifestant soit l'aspect passif (matière) soit l'aspect actif (énergie), suivant le niveau d'où on la considère dans la gradation des phénomènes.* Ainsi, les notions d'énergie et de matière, conçues comme absolues par notre esprit, se révèlent comme relatives dans l'ordre des choses manifestées.

Telle est la donnée qui nous apparaît comme fondamentale, non seulement dans le domaine restreint où les déductions d'ordre scientifique nous permettent actuellement de pénétrer, mais encore dans toute l'étendue, comparativement infinie, des plans et états de conscience hyperphysiques que la philosophie orientale ouvre à nos spéculations. Partout, en effet, nous retrouverons cette question d'aspect relatif, conditionné par le point de vue auquel on se place : or ce *point de vue*, dans son acception la plus générale, constitue ce que nous appelons un *état de conscience* et le champ qu'il embrasse, l'étendue qu'il découvre, nous l'appelons un *plan*. C'est maintenant de cette double notion : plan et état de conscience, que nous allons nous occuper, ce qui précède n'ayant pas d'autre objet que de servir d'introduction à cette étude.

Je viens de *définir le plan* comme étant le champ de perception ouvert à un état de conscience ; mais qu'est-ce qu'un état de conscience ?

La conscience en soi, la conscience intégrale, nous

la concevons comme une et infinie ; mais, dans cet état, elle est essentiellement potentielle, non manifestée, non active au sens que nous attachons à ce terme. De même que la lumière ne nous apparaît que par les objets lumineux, ainsi la conscience ne se manifeste que par ou à travers un organisme matériel ; conditionnée par cet organisme matériel, elle est dès lors soumise à ses limitations, et par là participe à sa nature matérielle. Elle nous apparaît dès lors, non plus comme conscience absolue, mais comme *état de conscience* : *ce qui* veut dire *conscience conditionnée par un état de matière*.

Maintenant, cet état de matière, quelle est son origine, l'origine de la différenciation à laquelle il doit les caractéristiques qui constituent son être ? Il conditionne la conscience ; mais qui le conditionne lui-même ? Un état de mouvement ? C'est entendu : mais la question n'est que reportée du mot matière au mot mouvement.

A cela, le philosophe hindou nous répondra : Tout ce qui est doit son être à un seul et même principe, qui est la Vie Une répandue dans l'Univers — et toute forme est modelée par cette vie. Et, si nous lui demandons ce qu'est, par rapport à ce principe absolu, cet autre principe que nous avons appelé conscience intégrale, il nous dira que ce sont là deux dénominations d'une seule et même chose.

Ne tournons-nous pas dans un cercle vicieux ?

Nous avons tout d'abord admis que la conscience était conditionnée par la matière ; nous trouvons ensuite que la matière est conditionnée par la vie, et enfin que vie et conscience sont identiques... Mais, d'autre part, rappelons-nous ce qui précède : ne nous sommes-nous pas heurtés à une difficulté du même ordre lorsque, postulant un mobile au mouvement, nous n'avons pu qualifier ce mobile que comme *mouvement lui-même* ? Et comment avons-nous levé cette difficulté ? *En reconnaissant qu'il ne fallait pas chercher le critérium de différenciation dans l'absolu, mais bien dans le relatif,* ce *critérium se trouvant dans une considération de* degré *et non de* nature. Le cas est le même ici : la pétition de principe qui vient d'être signalée a son origine dans le fait que nous avons mis en présence des concepts absolus, partant irréductibles. Il nous faut revenir sur nos pas et considérer que, *de même que ce qui apparaît comme matière par rapport à certaines possibilités de mouvement est en même temps mouvement par rapport à un état inférieur de matière* (inférieur parce que moins complexe, moins matériel parce que plus subtil) ; *ainsi ce qui apparaît comme vie par rapport à certaines possibilités de conscience est en même temps conscience par rapport à un état inférieur de vie.* On comprendra dès lors que *chaque état de conscience puisse trouver dans un état inférieur, qui est*

1'

vie matière par rapport à lui, sa base de manifes-
tation, exactement comme chaque mouvement
trouve dans un autre mouvement le substratum
nécessaire à sa manifestation.

Je crois cette conception strictement conforme à
la donnée théosophique qui nous montre la vie-conscience comme manifestée à tous les degrés de
l'échelle, non seulement jusqu'aux derniers confins
des règnes inférieurs, mais encore dans l'atome lui-
même. D'où il résulte nécessairement que tout substratum matériel capable de conditionner une forme
de conscience est lui-même une forme de conscience relativement inférieure. Par exemple, la pensée se trouve conditionnée sur le plan physique par
les cellules cérébrales, mais celles-ci représentent
elles-mêmes des consciences, relativement à un état
vital moins élevé. Nous retrouvons donc encore et
nous retrouverons partout l'expression de cette loi
générale suivant laquelle les aspects se différencient,
non pas en nature absolue, mais seulement par des
degrés dans l'ordre de la manifestation. On peut se
faire de cette notion une idée concrète au moyen
de l'image suivante : considérons une chaîne cons-
tituée par des maillons tous *identiques* : chacun
d'eux est *poids mort*, c'est-à-dire *matière* par rapport aux maillons qui sont au-dessus de lui, et il est
en même temps *force* par rapport aux maillons inférieurs. L'aspect Force prédomine au plus haut

degré dans le maillon supérieur qui supporte tous les autres et l'aspect Matière dans le dernier maillon. C'est ainsi que s'échelonnent, suivant une gradation insensible, la succession des états de force-matière qui, sous la dénomination générale de plans, forme la trame de l'univers — celle des *corps*, qui sont les formes tissées sur cette trame — et celle des états de conscience qui s'expriment par ces corps : ces trois catégorie *plans, corps et états de conscience* pouvant être figurées par trois sections de la chaîne unique suivant laquelle la manifestation tout entière se déroule.

Ces idées abstraites deviendraient plus facilement accessibles si nous pouvions faire tenir dans une image le processus suivant lequel on peut se figurer que ces états successifs s'enchaînent et se déduisent les uns des autres, manifestant des aspects de plus en plus proches du concept Matière, de plus en plus distants du concept Esprit. Or, il existe un procédé de représentation symbolique, dont le principe est esquissé dans le petit traité intitulé *Philosophie ésotérique de l'Inde* (1). Pour faire comprendre comment la Cause Première, non manifestée, engendre toutes choses sans être modifiée elle-même, l'auteur emploie l'image suivante : « Considérons, dit-il, un charbon ardent, fixons-le à un fil de fer et faisons-le

(1) Par le Brâhmachârin Chatterji, Bailly, éditeur.

tourner rapidement. Nous verrons un cercle. Ce
cercle existe dans notre conscience ; il est produit
par le morceau de charbon sans que ce dernier ait
subi la moindre modification. Le charbon produit un
cercle, mais reste lui-même un point... Prenez
maintenant ce premier cercle comme unité (c'est-à-
dire comme mobile) et faites-le tourner autour d'un
nouveau centre. Vous obtiendrez une nouvelle figure plus complexe, entièrement due à ce charbon
unique ». Et ainsi de suite, « de proche en proche,
ajoute-t-il, avec ce seul charbon, vous remplirez
l'espace infini. Le processus cosmique est analogue
à cela, bien qu'aucune comparaison ne puisse le
rendre réellement concevable ».

Il ne faut pas en cela chercher autre chose qu'une
image, mais l'image est extrêmement suggestive, et
nous allons voir le parti que l'on peut en tirer pour
l'étude qui nous occupe.

Pour simplifier les choses, il est préférable, tout
en conservant le principe, de lui donner une forme
plus élémentaire. Nous partirons comme précédemment du point géométrique ; mais, au lieu de supposer qu'il décrive un cercle, nous le ferons vibrer
de façon à ce qu'il engendre une droite, ou plutôt un
segment de droite. En second lieu, ce segment, pris
comme mobile et vibrant suivant une direction perpendiculaire à la sienne engendrera une surface plane,
un rectangle ; enfin, ce rectangle, vibrant à son

tour suivant la direction perpendiculaire à son plan,
engendrera un solide, le parallélipipède rectangle.
Nous pourrons de la sorte embrasser trois stades de
différenciation, d'où procèdent trois formes ou états
de l'étendue : la droite, le plan et le solide ; et ce sont
ces formes que nous prendrons comme images de
trois états de matière ou de trois états de conscience,
correspondant à trois grands plans de l'univers.
Notre notion des dimensions, réduite à trois états
seulement, ne nous permet pas d'aller plus loin ;
mais les éléments dont nous disposons seront suffi-
sants pour nous permettre de mettre en lumière la
plupart des points principaux que nous trouvons
énoncés dans les ouvrages théosophiques.

Voyons tout d'abord comment ce mode de représentation s'applique aux notions générales qui
viennent d'être exposées. La génération des formes
par un processus de ce genre se conçoit sans difficulté. Le point, qui n'a ni dimensions ni forme, contient en lui la potentialité de toute forme ; dans le
monde géométrique, il n'apparaît pas comme *manifesté*, au sens propre du terme, mais toute manifestation procède de lui. Partout et dans tous les cas
identique à lui-même, il est essentiellement un :
deux droites peuvent différer en longueur, deux
rectangles en longueur et largeur, deux parallélipi-
pèdes en longueur, largeur et hauteur, mais aucun
élément ne peut différencier un point d'un autre

point. Un, non manifesté, mais racine de toute manifestation dans le monde spécial auquel il appartient,
tels sont les caractères qui en font un remarquable
symbole de la Mulaprakriti hindoue.

A ce principe unique en son essence vient s'adjoindre un second principe, qui sera le mouvement,
correspondant ici au Purusha : et à partir de maintenant, toutes choses participeront des deux principes ; toutes choses seront à la fois matière et
mouvement. Le premier élément manifesté sera
symbolisé par la droite : par rapport au point dont
la vibration la décrit, la droite est mouvement ; en
tant que forme manifestée, permanente et capable
d'être déplacée dans l'espace sans être modifiée par
ce déplacement, elle est matière (rappelons-nous la
définition qui a été donnée plus haut de la matière).
C'est à ce titre qu'elle apparaît au stade suivant qui,
par la vibration de la droite, engendre le rectangle ;
de même, le rectangle sera mouvement par rapport
à la droite et mobile ou matière par rapport au
solide. Ce double caractère, nous l'avons précédemment signalé comme *nécessairement* inséparable de
toute chose manifestée dont la nature, rapportée
aux deux termes de la dualité abstraite matière
énergie, est, comme nous l'avons dit, essentiellement *relative*. Notre représentation symbolique
met le plus simplement du monde cette relati-
vité en évidence : ce n'est, je le répète, qu'une

image, mais une image très adéquate à son objet.

Précisons davantage. Chaque forme considérée à l'état statique : droite, plan, solide, correspondra pour nous à la notion de matière sur un plan donné ; ce sera la matière-type de ce plan, l'état qui le caractérise. La droite, par exemple, figurera l'élément matériel du plan mental ; le rectangle, celui du plan astral ; le parallélipipède, celui du plan physique (ce sont là, ne l'oublions pas, de pures conventions représentatives, tout à fait arbitraires). Les notions d'énergie, pour le monde inorganique, et de vie, pour les formes organiques, correspondent ici au mouvement vibratoire : c'est le principe qui crée les formes et qui les maintient, le mouvement du point pour la droite, le mouvement de la droite pour le rectangle, le mouvement du rectangle pour le parallélipipède. Et, remarquons-le, de même que la vie est *une* dans toutes les formes qu'elle génère, de même, ici, un seul mouvement, une seule modalité vibratoire nous suffit pour concevoir la génération successive de nos trois formes-types ; cette modalité, c'est le mouvement vibratoire en ligne droite, le mouvement rectiligne : en lui attribuant le point comme mobile, on réalise la droite ; en lui attribuant la droite, on réalise le rectangle ; en lui attribuant le rectangle, on réalise le parallélipipède. Le principe demeure le même, seul le substratum change. Nous pouvons concevoir que c'est par un

processus analogue que l'énergie se différencie et
que la vie se spécialise ; l'un des termes de la différenciation, c'est ce que nous appelons, en physique, l'énergie en général, c'est-à-dire la cause
unique, postulée mais non sensible, non manifestée,
de toutes les modalités énergétiques connues sous
les dénominations de chaleur, lumière, courant
électrique, etc. Cette forme particulière d'un principe plus général, qui serait l'énergie cosmique,
appartient en propre au plan physique : c'est l'une
des deux caractéristiques dont l'autre est une forme
matérielle (atome physique) déterminée. Dans notre
symbolisme, la forme matérielle correspondrait au
solide (parallélipipède) ; l'énergie abstraite, base de
nos modalités, au mouvement du rectangle.

Avant d'aller plus loin, examinons d'un peu plus
près cette dernière conception pour voir si, avec
elle, nous n'avons pas dépassé les limites permises
à une convention. Par mouvement du rectangle considéré comme le substratum de l'énergie physique,
il faut entendre : mouvement d'une forme matérielle
non perceptible par un sens physique, quel que
puisse être le degré de sensibilité de ce sens ou des
instruments qu'on viendrait lui adjoindre. En d'autres
termes, il s'agit d'un objet placé hors du champ de
la conscience de l'homme physique. Notre symbole
est valable en ce sens que, pour l'état de conscience
conditionné par les trois dimensions du plan phy-

sique, le rectangle, en tant que surface absolue, étendue, réduite à deux dimensions, n'existe pas. Notre intelligence abstraite conçoit le plan comme limite d'un solide dont une dimension sur trois irait en décroissant jusqu'à devenir nulle ; mais cette limite est en dehors de toute possibilité de perception : le plan n'existe pas comme objet ; ce n'est pour nous qu'un pur concept. C'est à ce point de vue que nous sommes autorisés à lui attribuer dans notre système la place de l'élément invisible, impondérable, intangible que nous concevons comme substratum de l'énergie. Mais il ne faudrait pas en conclure que nous attribuons, même à titre d'hypothèse, deux dimensions seulement à la matière du plan astral : nous ne visons qu'un procédé de représentation, sans aucune réalité objective.

Voici donc les grandes divisions qu'en théosophie nous dénommons *Plans* définis quant à leurs deux caractéristiques individuelles : l'état matière et l'état énergie. A la base de chaque plan, nous concevons d'une part une certaine forme ou état matériel type ; c'est l'élément atomique de ce plan ; et d'autre part, une spécialisation déterminée de l'énergie cosmique par laquelle cette forme existe, et d'où dérivent en outre toutes les manifestations phénoménales propres au plan considéré. La représentation symbolique que nous avons donnée de cette conception met tout d'abord clairement en lumière la dépendance de l'état matière à l'état énergie, le premier n'existant que par le second. En cela, nous sommes d'accord avec les conceptions de la Physique moderne, et plus spécialement avec celles que le Dr Lebon développe dans son livre intitulé l'*Evolution de la Matière*. La même représentation nous a permis de figurer l'enchaînement des états successifs suivant lesquels la manifestation tout entière se déroule de plan à plan ; nous avons vu comment le processus qui, partant du non manifesté, fait successivement apparaître la forme type de chaque plan a son image dans la génération, par le point, de ce qu'on pourrait appeler les trois états de dimension manifestés à notre conscience : c'est-à-dire la droite, le plan et le parallélipipède, ou plus généralement, la ligne, la surface et le volume. A l'origine de cette génération, nous trouvons un seu et même substratum, le point, et une seule et même nature de mouvement, le mouvement vibratoire rectiligne. Lorsque ce mouvement entraine le point, la droite apparait ; lorsqu'il entraine la droite, le plan apparait ; lorsqu'il entraine le plan, le solide apparait. C'est ainsi que toutes choses procèdent de la dualité initiale, premier stade de la différen-ciation caractérisé par Purusha et Mulaprakriti ; et c'est encore ainsi que chaque forme atomique con-tient en soi toutes les formes atomiques des plans supérieurs.

Comment le processus inverse — celui qui aboutit
à la dissociation d'un état de matière — peut-il être
défini au moyen du même procédé ? On peut le concevoir de deux manières : d'abord, par la cessation
pure et simple du mouvement générateur de cet état ;
c'est alors une vie qui prend fin, la mort d'un état
matériel. Dans ce cas, ainsi que dans le suivant,
l'image du cercle lumineux sera peut-être plus concrète et plus suggestive. Ce cercle, produit par la
rotation d'un charbon incandescent, est un objet de
perception, une forme matérielle qui disparaîtra si
le mouvement circulaire est interrompu ; il ne restera dès lors que le point lumineux isolé.

Mais une autre cause diamétralement opposée :
un accroissement de vitesse — peut conduire au
même résultat. Le charbon a été supposé tenu par
un fil, qui est le rayon matériel du cercle décrit. Sur
ce fil, il exerce du fait de sa rotation un effort — la
force centrifuge — qui croît proportionnellement au
carré de la vitesse. Sa résistance étant naturellement
limitée, il arrivera un moment, si la vitesse continue
à croître, où il se rompra ; le cercle cessera dès
lors d'exister ; c'est une forme matérielle qui disparaîtra par dissociation.

Ceci peut être considéré comme général. En fait,
toute forme permanente, telle qu'une forme ou struc-
ture atomique, est le résultat d'un équilibre entre
deux actions opposées : l'attraction centripète et la

force centrifuge, déterminée par l'état de vitesse. Lorsque la valeur de celle-ci, modifiée par une cause extérieure, cesse d'être en rapport avec les conditions d'équilibre dynamique, celui-ci étant rompu, la forme s'évanouit. L'exemple le plus simple de ce fait est dans le changement d'état par lequel la matière physique apparait comme solide, liquide ou gaz. Dans le premier état, la force centripète l'emporte : les molécules sont cohésives ; mais si, en fournissant de la chaleur au corps, on accroît la vitesse de la vibration moléculaire, la force centrifuge augmentera, et il arrivera un moment où son action équilibrera celle de l'attraction centripète : la matière passera alors à l'état liquide. Une nouvelle addition de chaleur pourra, en faisant définitivement prédominer l'action centrifuge, amener le liquide à l'état gazeux. La dissociation chimique est l'exemple d'un cas analogue ; enfin, les découvertes récentes de la physique ont mis en évidence des dissociations beaucoup plus profondes encore, et à la suite desquelles la matière pondérable, l'atome, semble s'évanouir.

Ceci nous conduit à compléter par une notion nouvelle et très importante les vues exposées précédemment. Nous avons admis que toute forme matérielle était le résultat — ou, si l'on veut, l'enveloppe — d'un mouvement vibratoire ayant pour substratum une forme encore, mais inférieure au point de vue

matière — forme atomique par rapport à la première.
A ce mouvement, nous n'avions jusqu'à présent at-
tribué aucune limite de vitessea, dmettant implicitement que la relation entre le mouvement générateur
et la forme générée était tout entière dans la notion
de position ou d'amplitude régies par une certaine
loi directrice, et nullement dans la notion de vitesse
ou fréquence vibratoire. Nous devons maintenant
préciser davantage l'allure du phénomène en con-
cevant que — d'après les faits d'expérience qui
viennent d'être relatés — *une forme donnée ne peut
subsister au delà d'une certaine vitesse de l'atome
dont la vibration la génère.* Si cette vitesse est dé-
passée, à la première forme en succède une autre,
moins matérielle, au sens relatif que nous avons at-
tribué à ce terme. D'ailleurs, la nécessité d'une limite inférieure s'en déduit immédiatement : cette
limite correspondant à l'apparition du degré suivant
dans l'ordre de la matérialité croissante. La loi
ci-dessus doit donc être complétée comme suit :
« *Toute forme ou état matériel correspond à
une échelle déterminée de vitesse vibratoire hors
des limites de laquelle elle cesse complètement
d'exister* ».

Cette considération est extrêmement importante,
car elle fournit la raison pour laquelle un état donné
de matière ne peut effectivement *répondre* qu'à une
série déterminée de vibrations. Répondre, cela veut

dire : en premier lieu, transmettre la vibration ; en
second lieu, être modifié plus ou moins profondé-
ment — ou, comme on dit aussi, être affecté — mais
non détruit par elle. Le phénomène est le suivant :
étant donné un état vibratoire localisé dans une certaine région de l'espace, cela constitue une Forme
— forme d'un objet ou forme phénoménale, peu
importe. D'autre part, une vibration transmise par
le milieu ambiant parvient jusqu'à cette forme, et
tend conséquemment à modifier son état vibratoire
actuel ; alors si le rythme de la vibration extérieure
rentre numériquement dans l'échelle des fréquences
propres à la forme considérée, il y aura, de la part
de celle-ci, réponse, c'est-à-dire qu'elle sera affectée
dans son état actuel, plus ou moins modifiée par le
nouvel état vibratoire qui lui est imposé, tout en
continuant à subsister. Si au contraire le rythme
extérieur est incompatible avec cet état, deux cas
pourront se présenter : ou bien le mouvement interne ne sera nullement modifié par l'action extérieure : c'est le cas le plus général, celui où, pour
la matière en question, cette vibration n'existe pas
— pas plus que n'existent pour l'œil les vibrations
sonores ; ou bien encore l'impulsion ambiante im-
posera bon gré mal gré son rythme à la matière, et
dans ces conditions celle-ci sera dissoute. Telle est,
rapidement exposée, l'allure générale du phénomène ;
il resterait beaucoup à dire sur ce sujet, mais il est

maintenant temps de passer des états de matière
aux états de conscience.

J'ai défini l'état de conscience comme étant la
Conscience. Une conditionnée par un état de matière,
Ses limitations, comme faculté de percevoir la vie,
seront dès lors celles de la matière à l'égard des vibrations ambiantes ; il s'ensuit qu'il existera, pour
chaque état de conscience, une gamme de perceptions
connexes de la gamme de vibrations capables
d'affecter l'état de matière correspondant. Ce parallé-
lisme absolument rigoureux doit autoriser l'application, au cas présent du procédé de représentation
symbolique par lequel nous avons précédemment
cherché à rendre compte du processus de différenciation de l'énergie-matière. Puisque les quatre entités géométriques : point, ligne, plan et volume,
ont pu servir à figurer autant d'états de l'énergie-
matière, il n'y a pas de raison pour qu'elles ne
puissent pas jouer le même rôle à l'égard des limitations connexes de la vie-conscience ; ceci demande
toutefois une justification plus précise.

Je rappelle deux des conclusions de notre étude
préliminaire, à savoir que : 1° ce qui apparaît
comme vie par rapport à certaines possibilités de
conscience est en même temps conscience par rapport à un état inférieur de vie ; 2° chaque état de
conscience trouve dans un état inférieur, qui est vie-
matière par rapport à lui, sa base de manifestation.

Dans le cas présent, l'aspect conscience correspond au mouvement vibratoire, l'aspect vie à la forme manifestée : droite, plan, solide, prise à l'état statique. Chacune de ces formes est, d'autre part, le substratum d'un mouvement vibratoire : elle constitue donc la base de manifestation d'un état de conscience. Mais le résultat de cette manifestation s'exprime à son tour par une forme de la vie : le mouvement du point engendre la droite ; celui de la droite engendre le plan, etc. D'où il résulte que chaque forme apparaît sous un double aspect, suivant qu'on la considère comme substratum ou comme résultat d'un état vibratoire ; le premier aspect est d'ordre objectif : c'est la droite *vue* comme forme existante ; le second est d'ordre subjectif : c'est la droite *conçue* comme mouvement vibratoire du point. La droite manifestée sera Vie par rapport à la conscience qui cherche à s'exprimer par elle, c'est-à-dire par rapport au mouvement qui la prend pour substratum ; elle sera Conscience par rapport au point qui, en vibrant, lui permet de se manifester.

Ces images schématiques, si simples qu'elles soient, n'en permettent pas moins de mettre en évidence plusieurs points intéressants. C'est d'abord la génération des formes successives de la vie par l'effort de la conscience qui cherche à s'exprimer par elles ; derrière la vibration, nous concevons comme cause motrice une volonté qui veut se révéler consciente, et cette volonté édifie la forme adéquate à chaque état de conscience. Le processus va du simple au complexe : du point, symbole de la vie potentielle, au solide à trois dimensions, expression totale de la vie manifestée, en passant par les deux formes intermédiaires, ligne et plan.

Au point de vue de l'aspect « forme », le processus est ascendant : du point jusqu'au solide, la vie s'accumule ; chaque dimension nouvelle marque un progrès dans la manifestation. Par contre, l'aspect « conscience » décroît : par ses spécialisations successives, la conscience restreint de plus en plus ses potentialités. Ainsi, la vibration du point peut rayonner dans toutes les directions : elle remplit les trois dimensions de l'espace. Lorsque la vibration ayant la droite pour substratum s'opère dès lors, non plus par rapport à un centre, mais par rapport à un axe, son champ d'expansion se trouve réduit de trois à deux dimensions ; enfin, avec le plan, une seule dimension subsiste. *Ainsi, les dimensions de la conscience varient en raison inverse des dimensions de la forme.* Ceci concerne les limitations potentielles propres à chaque état de conscience, pris en soi ; mais, lorsque cet état de conscience s'exprime à travers une forme particulière, prise dans l'ensemble des formes du même ordre et considérée à part, alors il subit, en plus des précédentes, toutes

les limitations propres à cette forme. C'est la limitation de la vibration ponctuelle, astreinte à s'exercer
suivant une droite déterminée ; celle de la vibration
de la droite, astreinte à s'exercer suivant un plan
déterminé. Alors apparaît l'individu, le Moi, manifesté à travers un état de conscience et une forme
adéquate à cet état, et doublement limité de la sorte,
d'une part, par suite des conditions générales qui
caractérisent l'état, et, d'autre part, par celles qui
sont spéciales à la forme considérée.

Une pareille forme est ce que nous appelons un
corps et notre procédé graphique va trouver sa dernière application dans la représentation schématique
de l'ensemble constitué par les corps de l'homme.
Le solide correspondra au corps physique, la forme
la plus matérielle, la seule qui puisse impressionner
un état de conscience conditionné par la matière
physique. Mais le solide contient en soi le plan,
dont la vibration constitue son être sujectif (par opposition à la forme objective, qui est le solide *statique*), et par suite aussi la droite, aspect subjectif
du plan, et le point, aspect subjectif de la droite. Ces
formes correspondront à autant de corps, savoir : le
plan au corps astral, la droite au corps mental, le
point, symbole de l'unité, au corps buddhique. Les
dimensions nous manquent pour pousser plus loin
la correspondance ; je dois en outre reproduire ici
l'observation déjà faite précédemment, à savoir que

ces correspondances sont purement symboliques.

Maintenant, il est de toute évidence qu'un état de conscience conditionné par la vibration d'une forme sera impuissant à percevoir cette forme. Elle échappe à sa perception parce qu'elle est *en* lui-même ; et ceci est vrai *a fortiori* pour toute la série des formes plus subtiles d'où celle-ci dérive, et qu'elle contient comme le solide contient le plan, la ligne et le point.

Appliqué à nos conventions géométriques, ce principe absolu se traduira comme suit : l'état de conscience symbolisé par la droite ne perçoit pas le point ; l'état inférieur symbolisé par le plan ne perçoit ni la droite ni le point, et le dernier état symbolisé par le solide ne perçoit ni le plan, ni la droite, ni le point.

Suivant que le Moi s'identifie avec tel ou tel état de conscience, il participe à ses limitations ; son champ de perceptions sera donc d'autant plus restreint que la forme conditionnant l'état de conscience sera elle-même plus grossière. Mais comment passera-t-il de cet état de conscience à un autre ? Ici, nous ne pouvons que procéder par déduction, en généralisant un peu le sens des données qui précèdent :

Etant donné que l'identification du Moi avec un état déterminé de conscience peut être conçu comme étant le fait de sa participation au mouvement vibratoire qui caractérise cet état, il s'ensuit que le Moi réali-

sera sa libération de cet état en se soustrayant à ce
mouvement, en s'évadant, pour ainsi dire, du tour-
billon qui lui masque les choses d'un autre monde.
C'est ainsi que, s'il cesse de suivre le mouvement
du plan, il pourra percevoir le plan, et ainsi de suite.
Chaque mouvement abandonné lui dévoile un nouveau monde, et chaque nouveau monde *lui révèle
une dimension nouvelle.* Ceci résulte de ce qui a
été dit précédemment sur les limitations croissantes
de la conscience : nous avons vu en effet que le
nombre des dimensions ouvertes à la conscience
variait en raison inverse du nombre de dimensions
de la forme qui la conditionne.

Je ne pousserai pas plus loin la recherche des
enseignements que peut fournir ce mode de représentation symbolique ; aussi bien, il a rempli sa
tâche, puisqu'il a permis de traduire ou de retrou-
ver les points les plus caractéristiques de l'ensei-
gnement théosophique sur la matière, les plans, les
états de conscience et les corps. On peut toutefois
se demander quel est le but d'un exposé comme
celui qui vient d'être présenté, et s'il était vraiment
bien utile de faire tenir dans une représentation
aussi aride que celle-là un ensemble de données qui
auraient tout aussi bien pu être exposées d'une façon
moins abstraite et dépourvue surtout des répétitions
fastidieuses que le procédé rendait obligatoires, sans
pour cela leur donner plus de charme. Eh bien,

c'est dans ces répétitions mêmes que se trouve la raison d'être de notre thèse, car elles attestent l'unité absolue du plan de la manifestation, sous quelque angle qu'on le considère. Nous avons vu le processus se dérouler avec une uniformité parfaite, qu'il s'agisse de matière, d'énergie, de vie ou de conscience ; et, si nous avons pu mettre cette uniformité en évidence, c'est grâce à cette représentation des formes qui, s'appliquant indistinctement à ces divers aspects, a permis de réaliser ainsi leur synthèse, sous une forme abstraite, il est vrai, mais cependant très simple.

Cette synthèse, à son tour, va nous permettre d'aborder deux notions absolument fondamentales : ce que l'on désigne dans la philosophie hindoue par TANMATRA et TATTVA. Je dis qu'elle va nous permettre de les aborder, parce que je ne crois pas qu'il soit possible de s'en faire une idée précise, aussi longtemps qu'on n'a pas reconnu l'unité complète qui régit toutes les formes et toutes les phases de la manifestation. En effet, qu'il s'agisse d'états de matière ou d'états de conscience, de la nature d'une perception ou du sens qui la manifeste, des formes de l'énergie moderne, ou des anciens éléments (éther, air, etc.) partout, on retrouve les tattvas et les Tanmâtras ; et ce caractère d'universalité n'est pas sans jeter quelque trouble dans l'esprit occiden-tal, habitué aux classifications et aux distinctions

entre natures de phénomènes. Toutefois, Mme Besant
donne, dans l'*Evolution de la conscience* une définition synthétique : je reproduis le passage où cette
définition figure :

« *Formation des atomes*. — Le troisième Logos
« divise la matière en atomes et cette opération com-
« porte trois degrés :

« 1° Détermination des limites dans lesquelles
« vibrera la vie animatrice, sa propre vie enclose
« dans l'atome ; les limites ainsi fixées sont appelées
« en termes techniques la *mesure divine* (Tanmâtra)
« et confèrent aux atomes d'un plan leurs propriétés
« caractéristiques.

« 2° La « mesure divine » engendre dans la ma-
« tière les lignes qui déterminent la forme de
« l'atome, les « axes de croissance » fondamentaux,
« dont les axes des cristaux nous offrent l'analogie la
« plus proche. L'ensemble de ces axes est appelé un
« Tattva. »

Tenons-nous à ces définitions ; et, puisque nous
avons prétendu donner un schéma général de la manifestation, voyons si les deux notions ci-dessus y
trouvent leur place.

Comment avons-nous conçu la création d'une
forme ? Par la vibration d'une autre forme. Mais cette
vibration ne saurait être quelconque ; il faut de toute

nécessité qu'elle obéisse à une loi directrice. Par exemple, la droite prise comme mobile peut vibrer d'une façon absolument quelconque, variable d'un instant à l'autre sans détermination fixe : cela n'engendrera pas une forme ; pour qu'une forme apparaisse et persiste, il faut que la vibration demeure uniforme : il faut donc qu'elle soit déterminée par une loi qui, en limitant les potentialités vibratoires, rende la manifestation possible. Cette loi, c'est le Tanmâtra. Ainsi, pour engendrer le plan il nous a fallu imposer à la droite l'obligation de vibrer suivant une direction fixe : cette obligation est le Tanmâtra propre à cette forme de la manifestation que nous avons appelée le plan. Une limitation analogue imposée aux potentialités vibratoires du plan lui fera engendrer le parallélipipède. Le Tanmâtra est donc une limitation, mais une limitation inhérente à la possibilité même de la forme : c'est cette limitation qui constitue l'acte créateur lui-même. Nous remarquerons en outre que toute forme manifestée comporte, en plus de ses limitations propres, toutes celles des formes antécédentes, puisqu'elle procède de celles-ci.

La loi, une fois établie, son expression se manifeste, ainsi que nous venons de le voir, par une *direction* imposée à la genèse de la forme ; c'est suivant cette direction que la forme prend naissance et qu'elle se développe. Cela, c'est le Tattva : il serait,

dans notre système, figuré par l'axe, ou plus exactement par *l'ensemble des axes* qui régissent le développement d'une forme ; car, en réalité, une forme
placée à un degré quelconque sur l'échelle de la
manifestation procède non pas seulement de la vibration qui la manifeste, mais aussi de *toutes les vibra-*
tions par lesquelles les formes antécédentes ont pris
naissance. Ce caractère est commun au Tanmâtra et
au Tattva : c'est ainsi que Mme Besant dit que « le
champ magnétique de chaque atome se trouve com-
posé de tous les tanmâtras et tattvas placés au-
dessus de lui ». L'interprétation de cette phrase,
assez difficile à saisir au premier abord, est immédiate si on la rapporte aux notions précédentes.

En résumé, le Tanmâtra est la base de toute manifestation définie, l'acte par lequel, parmi toutes les
possibilités chaotiques de l'Univers encore non manifesté, certaines de ces possibilités sont isolées du
reste et amenées à la manifestation. Le Tanmâtra
d'une forme comprend en soi toutes les qualités
futures qui pourront apparaître au cours de l'évo-
tion, *exactement comme la définition d'une entité*
mathématique comporte en soi toutes les propriétés
inhérentes à cette entité. Toute chose, quelle que
soit sa nature, procède donc d'un Tanmâtra qui lui
est propre, et de la série des Tanmâtras afférents
aux formes antécédentes.

Le Tanmâtra, notion abstraite, n'est pas suscepti-

ble d'une représentation schématique ; la première
possibilité de ce genre apparaît avec le Tattva,
expression de la loi directrice. Pour les quatre
stades que nous avons représentés par le point, la
droite, le plan et le parallélipipède, les Tattvas correspondants seront figurés par : un point, un axe,
deux axes perpendiculaires, trois axes perpendiculaires.

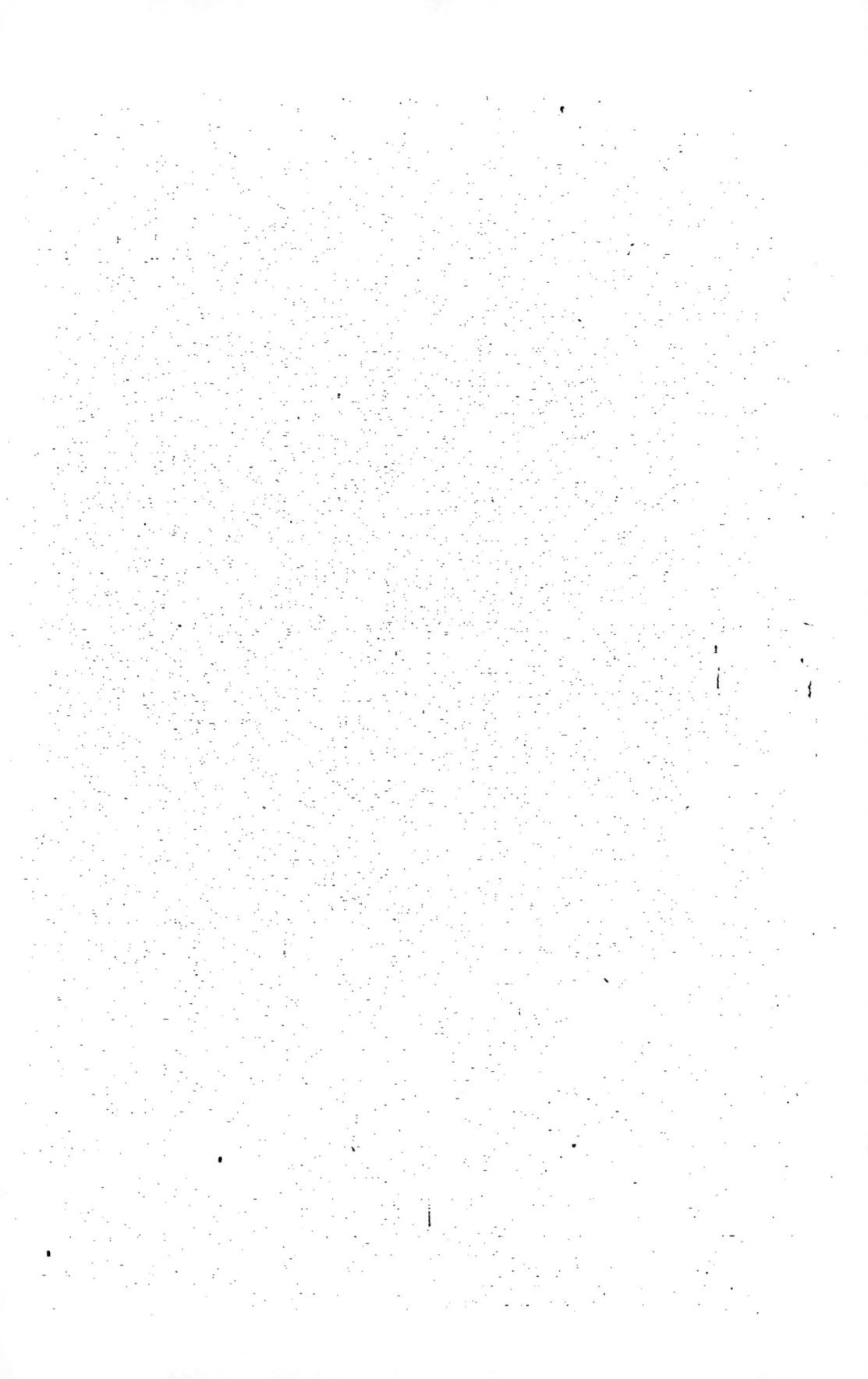

MONADE ET JIVATMA. EGO RÉINCARNATEUR PERSONNALITÉ HUMAINE

S'il est une notion primordiale qui, pour l'étudiant théosophe soit de toute première importance, c'est bien celle de la triple nature de l'être humain : Monade, Jivatma ou Principe Divin, Ego Réincarnateur ou Principe Humain, Personnalité ou homme au sens ordinaire du terme. Sur ce point, les données ne manquent pas et cependant il n'est pas rare de voir se produire des confusions surtout entre les deux principes supérieurs, l'Ego humain et le « Soi » divin.

La généralité des termes employés contribue assurément pour une grande part à ces confusions de principes. Le mot « Monade », dont le sens général est « Unité de Vie-Conscience » peut aussi bien s'appliquer à la vie globale et indivise d'un Univers et à chacune de ses différenciations csonécutives (voir *La Sagesse Antique*, 2ᵉ partie) qu'à *l'unité de conscience dont la pensée du Logos fait une entité individuelle séparée (Étude sur la Conscience, p. 46).* C'est dans ce dernier sens que nous avons à le prendre dès qu'il s'agit, non plus du macrocosme, mais du microcosme humain dont il représente la Source de Vie Une, le « Soi Vital » séparé (*ibid.*, p. 64).

Monade, Jivatma. — Voici la définition qui en est donnée dans la *Doctrine Secrète*, vol. I, p. 259 de la première édition française :

« La Monade de chaque être... *est un Dhyan Chôhan individuel, distinct des autres et possédant une sorte d'individualité spirituelle qui lui est propre* durant un Manvantara donné ».

Arrêtons-nous sur le dernier membre de la phrase. Il nous montre qu'entre la Monade proprement dite et l'individualité « qui lui est propre durant un Manvantara donné » il existe une différence de degré : l'individualité spirituelle étant soumise au Temps, non la Monade. Les premières se succèdent, Manvantara après Manvantara, mais la Monade demeure, Principe Éternel, au-dessus de l'Espace et du Temps.

Mais nous n'avons à nous occuper ici que de l'individualité spirituelle, aspect relatif de cet Absolu, car, dans le cadre où se déroulent les activités d'un Manvantara — et nos études théosophiques n'excèdent jamais ce cadre — elle seule apparaît et demeure comme constituant durant le cycle le Principe le plus élevé de l'entité vivante. C'est lui qui évolue au cours du Manvantara, s'élevant à travers les grandes Hiérarchies décrites dans la *Généalogie de l'Homme*. Nous y lisons que la Hiérarchie qui est *nôtre*, en tant que collectivité des Monades humaines (ce terme sera expliqué plus loin) est la Quatrième et que le nom générique qui désigne les éléments individuels de cette collectivité est « Jivas impérissables » (*Généalogie de l'Homme*, p. 8, 16° année de la *Revue théosophique*) ou encore « Jivatmas » (*Étude sur la conscience*, p. 64). Ce dernier qualificatif est fréquemment employé par Mme Besant dans ce dernier ouvrage, et peut-être serait-il préférable de s'y tenir pour éviter toute confusion de termes ; toutefois, dans le même ouvrage ainsi que dans la *Généalogie de l'Homme*, Mme Besant emploie assez indifféremment l'un pour l'autre les deux mots Jivatma et Monade, dans le sens d'individualité spirituelle, et il n'y a, en réalité, aucun inconvénient à le faire au point de vue pratique puisque le Jivatma représente *tout ce que la Monade peut donner d'elle-même dans un Univers où elle n'existe que par lui.*

Ego causal principe humain. — Mais il serait beaucoup plus grave de confondre cet Ego Divin avec l'Ego Humain — Ego Causal ou Réincarnateur

— qui constitue à un degré inférieur de l'échelle *involutive* une seconde manifestation du même Principe Vital, individualisé cette fois dans la forme proprement dite du corps causal. Relativement l'une à l'autre, ces deux manifestations représentent : la première l'Unité de Vie, la seconde l'Unité de Forme créée par de longs âges d'évolution à travers les règnes inférieurs et animée par l'Unité de Vie lors de l'effusion de la troisième Vague.

Ici encore, le qualificatif en usage est sujet à confusions par suite de la grande généralité de son sens. Le mot latin *Ego* qui signifie « Je » ou « Moi » peut s'appliquer à toute espèce d'individualité, quels que soient sa nature et son degré d'évolution et il n'existe *a priori* aucune raison pour qu'on le réserve à l'un plutôt qu'à l'autre des degrés de l'individualité humaine. Dans notre littérature théosophique, il figure toujours avec l'acception de « Soi Supérieur » relativement au Moi ou Personnalité inférieure. Mais « Soi Supérieur » peut aussi bien désigner le Soi Divin que le Soi Humain et, si l'on attribue au premier le nom de « Jivatma », il doit être entendu que le mot « Ego » sera réservé à l'individualité humaine. C'est dans ce dernier sens qu'on lui adjoint l'un ou l'autre des qualificatifs « Réincarnateur » ou « Causal ».

Il convient d'ajouter que, même en tant que distinct du Principe Divin qui l'anime, cet Ego humain

n'est encore que le dernier degré — le plus inférieur
— d'une Hiérarchie d'Egos à tous les stades d'évolution ascendante. Il procède du Jivatma par voie
d'involution, de la matière par voie *d'évolution* ; il
prend naissance à l'instant précis où, par l'évolution
de la forme, l'élément matière atteint le *minimum*
d'adaptation ou pouvoir de réponse compatible avec
la possibilité d'une nouvelle expansion en lui de la
Vie Divine. A partir de ce minimum, l'évolution de
la forme se poursuit, dotant l'Ego de pouvoirs sans
cesse accrus par l'expansion *plus libre* de la Vie du
Jivatma. Et ce processus de croissance dont il devient
l'agent de plus en plus conscient au fur et à mesure
que sa conscience grandit, l'amène bien au delà de
l'état humain.

D'où il résulte que, même en excluant du qualificatif d'Ego tant l'individualité spirituelle que la personnalité humaine — ces deux pôles extrêmes de
l'être — ce terme n'en garde pas moins une grande
généralité d'emploi. On peut le définir comme caractérisant, d'une manière générale, l'union du Principe Divin avec une forme qui, demeurant sienne
pour la durée d'un cycle évolutif donné, sert de médium à ses activités sur les plans inférieurs. Mais,
dès que nous demeurons dans les limites de l'évolution proprement humaine, il doit être entendu
que ce mot — Ego — sera restreint à l'entité réincarnatrice dont la conscience en voie de développe-

ment constitue le substratum de l'évolution au présent
stade. C'est « l'Ego Humain » dont « *la naissance*
« *a lieu lorsque l'Homme Céleste se manifeste*
« *comme Ego enfant, une véritable Individualité*
« *qui vient habiter un corps sur le plan physique* ».
« (*Et. de la Consc.*, p. 68) « *l'Ego Humain*
« *n'est ni Atman, ni Buddhi, mais le Manas Supé-*
« *rieur ; c'est le produit intellectuel et la floraison*
« *de l'Égoïsme intellectuel soi-conscient dans le*
« *sens spirituel plus élevé.* » (*Doctrine Secrète*, vol. 3,
p. 98 de la 1re édition française.) Il va sans dire
que le « sens spirituel » qu'il convient d'attribuer ici
au mot égoïsme exclut pour lui l'acception basse
qu'on lui attache d'ordinaire, « Égoïsme » veut simplement dire : le propre de l'Ego — le fait d'être
séparé par un état spécial de conscience, adéquat à
la forme à laquelle le Principe Divin se trouve
actuellement uni.

Cet Ego humain représente, ainsi que nous
l'avons déjà dit, l'état le plus inférieur de l'individualité permanente, celle par où débute, avec la
troisième Vague de Vie et la formation du Corps
Causal, cette union entre le Divin et l'élément for-
mel qui va dorénavant se poursuivre à travers les
stades ascendants des Egos super-humains.

Personnalité ou moi inférieur. — De même que
l'Ego est, sur un plan inférieur au plan divin, la
manifestation du Jivatma aux activités créatrices

duquel il sert de médium sur ce plan dans la mesure
où s'y prête la forme qui le conditionne, ainsi la
Personnalité est, pour l'Ego, son médium sur le
plan de l'action — le plan physique — avec les
restrictions analogues relativement au degré d'adaptation de la matière des plans inférieurs aux potentialités de sa Vie-Conscience.

Il serait toutefois inexact de restreindre la Personnalité aux seuls principes physico-éthériques de
l'homme : elle comprend également ses principes
astral et mental inférieur et sa vie ne se limite pas
à la durée du corps physique, mais comprend la
période qui sépare deux naissances consécutives,
soit : la vie physique, la vie en Kâmaloka et la vie
dévakhanique, qui termine pour chaque personnalité son cycle de manifestation propre.

Mais, au présent stade d'évolution et tout au moins
pour ce qu'on considère comme étant l'état normal
de l'humanité actuelle, c'est la conscience physique
qui, seule, fournit à l'Ego la base de ses activités sur
les plans inférieurs à son propre niveau. C'est pourquoi — sans préjudice des pouvoirs de *conscience*
inhérents aux vies astrale et mentale — les seuls
pouvoirs *d'action* se trouvent dans la personnalité
physique, celle-ci fournissant à la volonté de l'Ego
le point d'appui matériel qui permettra à cette volonté d'agir comme force efficiente.

Ces données préliminaires étant établies, deux points essentiels sont à préciser :

1º Bien que l'entité monadique (Jivatma) soit divine quant à sa vraie nature — la seule réelle parce que la seule durable — on l'appelle « humaine » *parce que, dans son union avec la forme, elle réalise actuellement l'Homme.* C'est ainsi que, dans la Généalogie de l'Homme, Mᵐᵉ Besant définit la quatrième Hiérarchie comme étant celle des « Monades humaines, les hommes futurs de la Chaîne terrestre ».

2º Les trois aspects ci-dessus définis — Jivatma, Ego et Personnalité — ne constituent en rien trois entités distinctes ou même seulement conjointes : *ce sont trois états adéquats à trois cycles inégaux de l'activité Monadique ou Vitale au plus haut sens du terme,* savoir : le Manvantara, la Chaîne Planétaire et la Vie Humaine. Ainsi :

Le Jivatma est la Monade à l'œuvre dans le cadre d'un Manvantara,

L'Ego est le Jivatma à l'œuvre dans le cadre d'une Chaîne Planétaire,

La Personnalité est l'Ego à l'œuvre dans le cadre d'une vie humaine.

Ce qui, synthétiquement, se ramène à ce qui suit :

| La Monade à l'œuvre dans le cadre d'activité | D'un Manvantara D'une Chaîne Planétaire D'une Vie Humaine | constitue | Le Jivatma L'Ego la Personnalité |

Aucune confusion de principes ne pourra subsister si l'on veut bien se tenir à ces notions qui, en caractérisant chaque aspect de l'entité humaine par la durée de son activité propre, les classe du même coup selon leur degré de perfection relative.

L'évolution, qui est la Création à l'œuvre dans le cadre du temps, procède ainsi qu'on sait par cycles périodiques s'englobant l'un dans l'autre : *la durée de chaque cycle étant en rapport avec le degré de perfection que comporte l'état matériel à l'évolution duquel il sert de cadre.* Par *degré de perfection*, il convient d'entendre *pouvoir d'adaptation à la Vie Une* et il est dès lors de toute évidence qu'un état matériel donné sera d'autant plus durable qu'il est mieux en harmonie avec cette Vie, plus proche d'elle et par suite mieux soustrait aux forces de destruction. Il en est ainsi pour les trois états qui conditionnent l'entité humaine et l'on peut dire que *la longévité propre à chacune des trois individualités — Jivatma, Ego et Personnalité — définit sa place dans la Hiérarchie des Êtres.* Aux grands cycles correspondent les grandes entités ; ce critérium est aussi simple et précis qu'il est rigoureux.

Leur évolution. Leurs rapports. — Les principes généraux qui régissent l'évolution individuelle semblent pouvoir être énoncés comme suit :

1º C'est le degré d'individualité immédiatement inférieur au sien propre (Ego pour le Jivatma, Personnalité pour l'Ego) qui, pour chaque entité, sert de base à ses activités créatrices et c'est par suite également en lui qu'elle trouve l'instrument ou l'agent de son évolution propre.

2º Pendant la durée de chacun des cycles dévolus à son travail (Manvantara, Chaîne Planétaire, Vie humaine), cet agent accumule, par les expériences que la vie lui apporte, les matériaux de connaissance qui seront ultérieurement assimilés et transmués en conscience par l'entité supérieure lors de la période de repos (Prâlaya majeur ou min ur, Dévakhan qui succède au cycle d'activité.

3º Mais au cycle suivant les progrès ainsi réalisés dans la conscience de l'entité supérieure se traduiront sur le degré inférieur, c'est-à-dire chez l'agent actif, par un accroissement de pouvoirs qui en fera un instrument meilleur. (Cela, sauf restrictions karmiques sur les plans inférieurs.)

Il y a donc échange périodique d'un degré à l'autre : la Connaissance, ou Conscience dans son acception la plus générale, procède de l'inférieur au supérieur, et le pouvoir descend du supérieur à l'inférieur. Constamment *la Cause et l'Effet se renforcent l'un l'autre* : c'est la loi la plus générale que nous trouvions dans la nature à tous les degrés de l'évolution.

Ainsi, les facultés humaines sont des pouvoirs émanant de l'Ego, les reflets de sa conscience dans l'organisme humain. C'est par elles que l'homme accomplit sa tâche et, au fur et à mesure que ces pouvoirs grandissent, chaque vie humaine apporte à l'Ego une moisson plus riche.

Des trois entités qui font l'objet de cette étude, deux seulement — l'Ego et le Jivatma — peuvent être considérées comme évoluant, au sens propre du terme. La portée de ce mot n'atteint pas le Principe Supérieur : la Monade ; par contre, elle dépasse la personnalité humaine.

Sauf exception subordonnée à un très haut degré de développement, on ne saurait dire que la personnalité évolue au cours d'une vie humaine et, d'une vie à l'autre, ce n'est plus la personnalité, mais l'Ego qui est en jeu. La raison pour laquelle il en est ainsi réside dans le fait *que les expériences de chaque personnalité humaine ne sont transmuées en conscience que durant la période dévakhanique qui termine le cycle de son existence.* Chaque personnalité *récolte* une partie de ce que la précédente a semé, et elle *sème*, *à son tour*, pour la suivante, non pour elle-même. On s'étonne parfois de voir — chez autrui — les mêmes erreurs, les mêmes fautes renouvelées maintes et maintes fois au prix des mêmes souffrances, lesquelles, semble-t-il, devraient cependant porter leurs fruits. *Mais ces fruits-là ne se récoltent qu'en Dévakhan.*

Cela ne veut pas dire, bien entendu, qu'un homme ne puisse pas progresser et s'améliorer. Seulement, cette amélioration a pour effet de restreindre l'écart entre la conscience de l'Ego et ce que l'homme peut en manifester, et nullement d'accroître cette conscience. Elle constitue un facteur de progrès pour l'évolution sans se confondre avec cette évolution même ; elle est l'élément d'action qui, en enrichissant la récolte dévakhanique, dotera de pouvoirs plus étendus l'incarnation suivante. Ainsi, il y a évolution d'une personnalité à une autre dans la chaîne des incarnations consécutives, mais non entre le début et la fin d'une même vie humaine : tout ce que cette vie peut manifester comme facultés ou comme vertus lui venant de l'Ego et, comme tel, ayant ses origines ailleurs que dans son propre cadre.

Évolution de l'Ego. Ses rapports avec la personnalité. — L'évolution qui nous touche de plus près est donc celle de l'Ego. Elle s'opère, ainsi qu'il a été dit, par les personnalités, à travers les cycles d'existence humaine dont l'Ego récolte les moissons successives durant la période dévakhanique qui termine chacune de celles-ci.

Les récoltes sont bonnes ou mauvaises, suivant l'occurrence. Elles peuvent aussi être nulles et même pires que nulles, et il y a, à ce point de vue, divers cas à considérer qui mettront en lumière les rapports de l'Ego à la personnalité.

Dans le cas de beaucoup le plus général — celui qui, au présent stade, correspond à la grande majorité des hommes, — les vices d'une personnalité ne souillent pas plus l'Ego que ses vertus ne l'ornent. Les uns comme les autres dépendent de l'état actuel de l'évolution de l'Ego ainsi que de la mesure suivant laquelle son influence peut agir sur l'homme, et ils n'exercent pas une action *directe et immédiate* sur cet état. Les vertus sont le reflet de sa conscience dans la conscience humaine ; elles constituent donc un don de l'Ego à l'homme et non un don de l'homme à l'Ego. Mais leur manifestation est l'indice évident de la possibilité pour l'Ego d'agir sur l'homme et de le diriger dans une certaine mesure.

Quant aux vices — encore qu'ils tendent à dénoter le fait inverse — leur influence n'atteint pas directement l'Ego, précisément pour la même cause. La pratique du mal sépare l'homme de l'Ego ; elle élève entre eux un mur qui, en interceptant de plus en plus la communication entre leurs vies respectives, protège l'Ego de ces souillures, *en même temps qu'il restreint son pouvoir de contrôle et d'action dans la proportion rigoureusement égale*. De la sorte, l'Ego conserve bien son intégrité, mais c'est au prix chèrement payé d'une perte de pouvoir sur l'unique artisan de sa propre croissance, pour le plus grand dommage de celle-ci.

C'est là un fait suffisamment grave et il ne faudrait pas croire que l'avantage offert par cette protection à l'Ego compense le préjudice d'une vie plus ou moins totalement perdue pour son progrès. La nature ne tolère pas l'état statique, et quiconque n'avance pas, de ce seul fait recule. Car le progrès ne se compte pas relativement à des repères fixes, comme les bornes placées sur une route : ici, les bornes se déplacent avec le flot roulant de l'évolution ambiante et c'est pourquoi un temps d'arrêt constitue inévitablement un recul.

En outre, de même que tout progrès réalisé est en même temps une promesse de progrès ultérieur, par les possibilités nouvelles qu'il nous ouvre, ainsi et pour la même cause tout recul actuel comporte une promesse de recul futur. Ceci est la conséquence de la loi suivant laquelle *la cause et l'effet se renforcent l'un l'autre*, aussi bien pour activer le recul que pour activer le progrès. Il est en effet évident que plus les fautes de la personnalité viendront la soustraire à la direction de l'Ego et plus grandes seront pour elle les chances de fautes nouvelles... Toutefois, la loi intégrale est plus complexe et, tout d'abord, le fonctionnement du Karma apporte en cela un tempérament sans lequel l'évolution humaine pourrait sembler parfois gravement compromise. L'obscurcissement apparent d'une conscience, au cours d'une vie, peut être le paiement d'une dette karmique, résultat des erreurs passées, et ne pas survivre à cette dette. Alors le pouvoir de l'Ego, momentanément suspendu, reprend son exercice et tout se réduit à un simple retard dans son évolution. C'est ainsi que le soleil brille de nouveau après que les nuages accumulés qui voilaient son éclat se sont résolus en pluie.

En second lieu, certaines fautes sont les résultats d'inexpérience, et dans ce cas, si fâcheuses que puissent en paraître les conséquences et si sévèrement qu'on les juge, ces fautes, tout en créant un Karma, ne constituent pas un recul à proprement parler. Considérons par exemple un homme qui, dans la sphère restreinte où il a été tout d'abord donné à ses activités de s'exercer, a complètement satisfait à toutes ses obligations et s'est montré un modèle parfait de rectitude. Le résultat karmique du devoir accompli sera de le placer, lors de son incarnation suivante, dans des conditions de vie plus larges, en même temps que le progrès réalisé dans sa conscience ouvrira devant elle des possibilités qui ne s'y étaient pas encore fait jour. Or, l'effet combiné de cette double action, en exposant cet homme à des tentations auxquelles il s'était trouvé soustrait jusqu'alors, pourra très bien se traduire par une rétrogradation *apparente* ; en ce sens que la vie actuelle, au point de vue extérieur d'après lequel on la juge sera peut-être moins édifiante que la précédente. Mais, dans ce cas, les erreurs et les fautes même, par les leçons qu'elles comportent, sont des éléments de progrès. Il en est d'un tel homme comme de l'enfant qui, après avoir été le premier dans sa classe, vient de passer dans une classe supérieure où il occupe un rang moins bon, sans pour cela avoir démérité.

C'est dans la pratique réitérée du mal et dans l'endurcissement progressif qui en résulte que la loi précédente « la cause et l'effet se renforcent » trouve sa pleine application. Trois degrés sont à considérer dans les conséquences d'un tel état de choses.

1° Les diverses phases des cycles évolutifs comportent, nous dit-on, des « points tournants ». Dans le plan créateur, ces points marquent les degrés que l'évolution doit successivement franchir dans le cours du temps ; lorsque, par suite d'une série de reculs, une entité — quel que soit son ordre — se trouve laissée trop loin du rang qu'elle devrait occuper dans la série des êtres, le flot évolutif, parvenu à l'un de ces tournants, la repousse à la rive comme le courant d'une rivière y rejette les épaves. L'Ego, privé dès lors de réincarnations, demeure stationnaire jusqu'à ce qu'au cycle suivant un nouveau flot de vie le reprenne en mettant à sa disposition des formes appropriées au développement atteint par sa conscience.

2° Les conditions qui précèdent correspondent au cas où l'Ego, par suite des résultats insuffisants fournis par ses incarnations, perdrait peu à peu du terrain sur le cours évolutif ambiant. Mais des progrès plus rapides dans le mal peuvent (à titre exceptionnel, il est vrai) entrainer la séparation définitive de l'Ego avec la personnalité, s'il la laisse se dégrader au point que toute relation devienne impossible entre elle et sa propre Vie. Alors survient la « mort de l'âme » (de l'âme animale, kâma-manas) « *qui ne laisse aucune trace sur la personnalité et en fait pourtant moralement un cadavre vivant* » (*Doct. Sec.*). La perte pour l'Ego de cet instrument définitivement gâché le laisse, pour un temps indéfini, sans aucun moyen de poursuivre son évolution négligée (1).

L'Ego est-il donc responsable, dans les deux cas ci-dessus, de l'insuffisance ou des égarements de ses manifestations inférieures — les personnalités —?

_____

(1) Voir à ce sujet le *Theosophist* de juin 1910. In the Twilight.

Assurément, et il n'est pas inutile de préciser ce point, car on a parfois tendance à se représenter l'Ego comme une sorte d'ange gardien, distinct entièrement de l'homme sur lequel son rôle est de veiller, et tout à fait irresponsable, par suite, des fautes qui peuvent le contraindre à « déployer ses ailes en se voilant la face » lorsqu'il juge que trop grande est l'étendue du mal pour qu'il y puisse dorénavant porter remède. Bien qu'il y ait du vrai dans cette image qui symbolise la séparation de l'Ego avec la personnalité, son abus conduirait à une conception entièrement erronée, contraire à la logique et à la saine notion de la tâche qui incombe à toute entité, à tout centre de Vie-Conscience dans l'évolution.

L'Ego, en tant que représentant le Jivatma sur un niveau inférieur de la manifestation, a charge de créateur et son évolution propre, qui est celle de la forme associée au Jivatma, fait partie intégrante de cette tâche. Les conséquences d'une tâche mal remplie doivent, en toute équité, peser sur lui ; elles se manifesteront comme souffrance et cette souffrance serait inique, si elle avait son origine ailleurs qu'en lui-même. Ce n'est pas l'Ego, assurément, qui commet les fautes de la personnalité, mais sa responsabilité, à cet égard, est exactement celle de l'ouvrier auquel on a confié un instrument de travail dont il arrive à ne plus pouvoir tirer parti, faute de l'avoir entretenu.

Il y a heureusement lieu de croire que de tels échecs constituent l'exception plutôt que la règle, et la lassitude avec laquelle la plupart des humains arrivent au terme de leur « journée de travail » tend à prouver que leur temps n'a pas été entièrement perdu. S'il y a beaucoup de fautes commises, il y a aussi beaucoup de souffrances endurées. *Qui seminant in lacrymis in gaudio metent. Ceux qui sèment dans les larmes récolteront dans la joie.* Le nombre de larmes semées au cours de l'existence est la promesse de récoltes heureuses.

3° Le dernier cas excède les limites de l'évolution normale : aussi est-il, à ce titre, tout à fait exceptionnel. Son étude rentrera dans celle, plus générale et que nous allons maintenant aborder, du processus évolutif au stade supérieur à la moyenne, où l'homme s'efforce d'en devenir consciemment l'agent.

Nous avons précédemment signalé la possibilité d'exceptions à cette règle générale — ou plutôt moyenne — suivant laquelle l'Ego n'est pas directement atteint par les mérites et par les démérites de la personnalité en cours de manifestation. La raison de ce fait est que la conscience inférieure, le Manas de l'homme, n'opère normalement sa fusion avec la conscience de l'Ego qu'en Dévakhan, après que sont tombés, au cours de la période en Kâmaloka, les voiles d'obscurité astro-mentale interposés entre elles. Ce qui constitue ces voiles, ce sont les éléments

impurs dont les vibrations, sans affinité avec la vie
dévakhanique qui est celle de l'Ego, interceptent
celle-ci durant l'existence humaine et tant que la
période purgatorielle en Kâmaloka n'a pas accompli
son œuvre purificatrice.

Mais, de cette tâche ainsi que de toutes celles que
la nature accomplit actuellement pour lui à titre
provisoire, l'homme doit devenir le propre artisan ;
tel est son rôle et tel est le but de son évolution. Au
fur et à mesure que celle-ci progresse, le voile se
fait moins épais, moins noir et, à un moment donné,
les premiers rayons qui filtrent au travers, en faisant connaître au Manas que la Lumière est là, lui
donnent le désir de percer le voile qui l'en sépare
encore.

Alors, dans la mesure où s'accomplit cette œuvre,
par la patiente purification de sa nature inférieure
et par son aspiration constante vers l'Ego, l'homme
réalise — ne serait-ce pendant longtemps que par
éclairs — cette union par où s'effectuera un peu du
mystérieux travail normalement réservé au Dévakhan. Car la vie de l'Ego étant le Dévakhan, l'homme,
aux instants et dans la mesure où sa conscience participe à cette vie, est également en Dévakhan.

Tel est le but de la Yoga, qui est *la participation
constante de l'homme au travail évolutif de la nature...*

Dans ce cas, la croissance de l'Ego peut être

extrêmement activée. Mais *il n'est pas et il ne saurait être de possibilité de progrès qui ne comporte des possibilités de chute* et plus grandes sont les premières, plus dangereuses sont les secondes. En s'ouvrant à la personnalité, l'Ego écarte de lui-même le bouclier qui, jusqu'alors, l'avait protégé contre les turpitudes éventuelles de celle-ci ; par le canal où maintenant descend sa Vie, le flot impur peut également remonter.

Mais ce canal, dira-t-on, n'a-t-il pas été ouvert que par suite d'une purification préalable de la nature inférieure, grâce à laquelle l'Ego ne saurait se trouver encore soumis à de telles éventualités ? Cela est vrai, mais les tentations se répètent à tous les degrés ; leur forme seule change et s'affine, en quoi elles n'en sont que plus dangereuses. *Les vices de l'homme ordinaire subissent une transformation subtile et réapparaissent sous une autre forme dans le cœur du disciple (Lumière sur le Sentier).* De plus, la purification n'est pas le seul agent l'Union entre l'Ego et l'homme ; elle prépare le terrain, mais la force « qui prend le Ciel d'assaut » est dans l'aspiration qui *veut* cette union, alors même que, parfois, la préparation est insuffisante.

Le danger est alors celui de la Magie noire : il est terrible dans ses conséquences, car il ne réside plus dans la faute par inexpérience, ni même dans la chute par faiblesse — à quelque degré de dégradation que celle-ci puisse conduire — mais dans le crime de *perversité* commis avec la complicité de la conscience qui *sait*. Ce crime *atteint l'Ego dans son être même*, et non plus seulement dans la personnalité momentanément associée à lui ; il atteint ainsi le Jivatma dans sa manifestation inférieure : c'est *le crime contre le Saint-Esprit*.

Aussi les traités d'occultisme — *les vrais* — comme la Lumière sur le Sentier et la Voix du Silence, prodiguent-ils les avertissements à ce sujet.

« Prends garde de poser un pied malpropre sur le « premier barreau. Malheur à qui ose salir un « échelon avec ses pieds boueux. *La fange impure* « *et visqueuse séchera, deviendra tenace et lui ri-* « *vera les pieds sur place.*

« Malheur à toi, Disciple, s'il est un seul vice « que tu n'aies pas laissé derrière. *Car alors l'échelle* « *cédera et te renversera.*

« Tue les désirs, Lanou, rends tes vices impuis- « sants avant de faire le premier pas du solennel « voyage.

« Cherche les sentiers, Mais, ô Lanou, aie le cœur « propre avant d'entreprendre ton voyage. » (*Voix* « *du Silence*, pp. 29, 30 et 41.)

Nous n'insisterons pas plus longuement sur cette question, par laquelle se termine ce qui concerne l'Ego humain.

Évolution du Jivatma. — Nous ne savons et ne

pouvons évidemment savoir que fort peu de choses sur cette évolution qui, tout en étant *nôtre* se déroule dans un cadre infiniment trop vaste pour les *dimensions* de notre conscience actuelle. Ce qui en a été dit se trouve résumé dans le premier chapitre de *La Généalogie de l'Homme* (Évolution Spirituelle) auquel nous renvoyons le lecteur. Nous y apprenons que l'évolution spirituelle se déroule à travers les sept chaînes de chaque Manvantara : « trois où l'Esprit descend ; une, la quatrième, où « l'Esprit et la matière s'entrelacent, s'entrepénètrent « et ont d'innombrables rapports ; puis trois qui « remontent et à la fin desquelles tout rentre dans « le sein du Logos planétaire pour se perdre en « Ishvara *avec les fruits de l'évolution.* » (*Gén. de l'Homme*, chap. 1er.)

Les chaînes planétaires marquent les étapes ou les stades de cette manifestation ; chacune d'elles ouvrant aux individualités spirituelles l'accès d'une des grandes Hiérarchies créatrices : les cinquième, sixième et septième.

A ce propos, on s'étonne parfois de lire que les « Jivas impérissables » constituent, en tant que collectivité, le premier des Ordres Rupas, rang qui place leur Hiérarchie, comme étant la quatrième, au-dessus, par ordre de spiritualité, de celles dans lesquelles, cependant, les Jivas ou Jivatmas vont avoir à passer. Mais c'est que l'on oublie que le Manvantara tout entier est la manifestation du Jivatma *au-dessous de son plan d'origine* : les trois premières chaînes planétaires l'éloignant toujours de ce plan, tandis que les trois dernières l'y ramènent, car il est « le sein du Logos ».

Il faut aussi se rappeler — car c'est encore une source de confusion — que ces Hiérarchies sont, au même titre que les règnes de la nature, des *stades* à travers lesquels chaque entité spirituelle doit passer, au cours de sa remontée à partir du règne humain jusqu'à son retour dans le sein du Logos Planétaire, et nullement des *familles* entre lesquelles ces entités se trouveraient définitivement réparties. (Voir *Gén. de l'Homme,* 16ᵉ année de la *Revue Théos.*, p. 211, ce qui est dit concernant les Asuras.)

Quant aux rapports qui relient chaque Jivatma avec les Égos successifs par où il se manifeste dans l'Univers des formes, il est permis de les déduire par analogie de ce que nous savons des rapports correspondants entre chaque Ego et la série des personnalités humaines qu'il anime successivement. *Car le Jivatma est à l'Ego ce que l'Ego est à l'homme.* C'est par les Egos que le Jivatma évolue ; chaque Ego, à la fin de son évolution propre, lui apportant sa moisson d'expériences comme chaque vie humaine l'apporte à l'Ego et aussi comme, à la fin de chaque Manvantara, *tout rentre dans le sein*

*du Logos Planétaire pour se perdre en Ishvara
avec les fruits de l'évolution.* Dans l'*Étude sur la
Conscience*, Mme Besant fait des allusions fréquentes
à ces analogies (voir notamment p. 49, 52, 68, 69 et
le commencement du chap. 8). Le Jivatma s'incarne
dans l'Ego naissant comme l'Ego s'incarne lui-même
dans l'enfant lors de chaque naissance humaine, et
sa Vie propre participe à la conscience de l'Ego dans
la mesure où l'évolution de ce dernier le rapproche
de l'état divin.

PERMANENCE DE L'INDIVIDUALITÉ HUMAINE

LA RÉINCARNATION
L'ÉGO CAUSAL — LE PROBLÈME MORAL

I

La Réincarnation

Notre thèse est que la permanence de l'individualité à travers une succession indéfinie d'existences humaines apparaît à la raison comme étant la seule explication possible de ce fait, d'où dépend l'évolution : *la transmission dans le temps de ce à quoi ce mot d'évolution s'applique.*

Pour qu'il y ait évolution, autrement dit progrès continu, il faut en effet, et de toute nécessité, que les résultats précédemment acquis passent comme héritage d'une génération aux générations suivantes. Cette transmission suppose un canal : or, étant conduits à rejeter, ainsi que nous le verrons plus

4

loin, *comme contredite par les faits*, l'hypothèse la plus communément admise aujourd'hui, celle de l'hérédité *ancestrale*, nous allons montrer que, seule, *l'hérédité individuelle par voie de réincarnation* est en accord avec les données de l'expérience sans qu'aucune d'elles la démente.

Ce n'est pas que notre ambition aille jusqu'à prétendre donner ici une démonstration mathématique de la réincarnation, ce principe fondamental de notre théosophie. Mais, en dehors d'une certitude à laquelle des preuves d'un autre ordre peuvent seules conduire, nous espérons montrer que ce principe est justifiable de raisons plus solides que les préjugés de l'époque actuelle ne porteraient à le croire; qu'il ne s'agit pas, en l'espèce, d'une simple question de sentiment ou d'une spéculation purement imaginative, mais d'une conception dont l'immense portée, tant philosophique que pratique, s'impose à l'esprit de quiconque cherche à découvrir dans la vie un but et des directions que la mentalité moderne s'avoue impuissante à lui faire saisir.

Cette notion qui se trouve à la base de l'antique philosophie des Aryens — la mère de *toutes* nos philosophies — de grands penseurs tels que Schopenhauer l'ont qualifiée comme apportant l'unique solution admissible aux problèmes de la vie. Voilée durant des siècles par le dogmatisme religieux, nous la voyons aujourd'hui réapparaître, derrière les nuages d'une autre forme de dogmatisme, non moins étroite, non moins impérieuse, comme le jour succède à la nuit. Et ceux-là seuls dont elle a transformé la vie savent de quelle lumière et de quelle force le monde peut lui être redevable.

Chacun connaît le sens du mot : évolution. Il implique « transformation continue », mais avec quelque chose en plus, qui réside dans le fait, pour cette transformation, de ne pas être abandonnée au hasard, livrée à des forces aveugles et chaotiques qui détruiraient aujourd'hui ce qu'elles avaient édifié hier. Une loi s'avère indéniable, qui régit cette transformation, oriente ces forces et les groupe en faisceaux suivant des lignes directrices le long desquelles s'opère le processus évolutif. Ainsi, cette notion est inséparable de l'idée de progrès : mais ce mot doit être pris ici dans le sens le plus général qu'implique son étymologie : *progressus* — qui avance — et il ne faudrait pas le restreindre à la notion d'un perfectionnement moral ou social nécessairement identique à ce qu'une époque peut concevoir et souhaiter. De plus, sa marche est extrêmement lente. Une objection souvent faite à cette idée de progrès immanent et qui résulte précisément d'une conception trop étroite de la chose, consiste à alléguer que l'humanité, au total, ne semble pas s'être sensiblement améliorée depuis les temps les plus lointains de l'histoire jusqu'à nos jours. En

admettant même qu'il en soit ainsi, l'objection resterait sans valeur. D'abord le progrès pourrait être
très réel sans se traduire par une « amélioration »
telle que nous pouvons l'entendre ; ensuite et surtout, la période de temps envisagée est beaucoup
trop courte : l'ordre de grandeur d'une durée, en
pareille matière, étant celui d'une période géolo-
gique, non d'une période historique. Ce n'est pas à
travers les civilisations humaines, mais à travers les
règnes de la nature qu'il convient de suivre le processus évolutif, et la succession des états par lesquels ces règnes ont passé avant de manifester les
formes que nous leur connaissons embrasse des
durées inaccessibles à l'imagination humaine.

*
* *

L'évolution étant admise en tant que donnée générale, deux questions se posent immédiatement : en
premier lieu,

Qu'est-ce qui évolue ?

puis :

Comment « cela » évolue-t-il ?

Tels sont les deux points qui feront l'objet de cette
première étude.

Qu'est-ce qui évolue ?

Un simple coup d'œil jeté sur la série des états
et des êtres qui se déroulent à travers la chaîne con-

tinue des quatre règnes va nous fournir la réponse,
et cette réponse est :

Ce qui évolue, c'est la conscience.

Non la conscience dans l'acception restreinte de
conscience morale — ce qui, naturellement, n'aurait aucun sens pour les états qui précèdent l'humanité — mais *ce par quoi un être est conscient de
l'ambiance* ; le *pouvoir de connaître* au sens le plus
général du terme, englobant la totalité des rapports
par où la vie enclose dans une forme perçoit les im-
pacts du dehors et y répond.

Pour nous, homme, ce pouvoir nous semble com-
mencer avec les perceptions objectives des sens ; il
trouve dans l'intellect son expression la plus haute
et la plus générale, et nous ne concevons pas qu'il
puisse assumer des formes autres que ces deux-là,
bien que ces formes existent, encore que trop loin-
taines de notre état actuel de conscience pour lui
être accessibles. Car le germe de ce que nous appelons, à un degré supérieur de son évolution, la
« conscience » apparaît déjà dans le pouvoir de
réponse que des expériences récentes ont permis de
manifester chez certains métaux. Dans le règne végé-
tal, ce pouvoir se précise et devient un état de perception qui, de globale tout d'abord, tend déjà à se
spécialiser dans les espèces d'ordre supérieur pour
atteindre, au stade suivant — celui de la vie animale
— le degré de spécialisation qui en fait la con-

4*

science sensorielle telle que nous la connaissons,.
avec ses sens proprement dits. Alors apparaissent
les premières manifestations d'une autre forme de
conscience qui, plus ou moins embryonnaire chez
les animaux inférieurs, grandit, au fur et à mesure
que l'on s'élève dans l'échelle des êtres et trouve
enfin chez l'homme son expression la plus haute et
la plus complète : la conscience intellectuelle, l'intelligence.

Mais, sous ces formes diverses dont les premières,
les plus éloignées de notre stade actuel, sont incon-
cevables pour nous, c'est toujours un seul et même
pouvoir qui se manifeste, contenant en lui toutes les
potentialités qui, l'une après l'autre, sortiront de
l'état latent pour se manifester comme actuelles : chacune trouvant, dans la réalisation antécédente, la
base sur laquelle s'édifie son propre développement.
C'est donc ce pouvoir qui évolue, en tant que manifesté d'une façon toujours plus complète lorsqu'une
forme de conscience, en premier lieu, grandit, et
qu'ensuite sur son développement vient s'édifier une
autre forme plus générale, comme l'intelligence
s'est édifiée sur la sensation. Et c'est bien à la croissance de ce pouvoir que s'attache l'idée de progrès,
dans ce que cette idée présente de plus précis et de
plus certain, car en lui réside toute supériorité d'un
être sur un autre. C'est parce que l'homme est, sur
terre, le plus conscient des êtres qu'il domine tous

les autres et sa puissance dominatrice s'accroît dans
l'exacte proportion où grandit sa conscience. *La
conscience est le substratum de l'évolution.*

* *
*

Comment « cela » évolue-t-il ? Moins immédiate
est la réponse à cette seconde question ; voici le
problème qu'elle pose de suite devant nous :

Etant admis que la conscience a progressé et progresse toujours d'une façon continue, *quel est le
substratum permanent que suppose cette continuité ?*
Par quel canal et par quel intermédiaire s'effectue la
transmission aux générations nouvelles de l'héritage
accumulé par les générations passées ? Lorsque des
êtres meurent, en qui la conscience avait atteint un
certain degré de développement, où passe cette conscience pour qu'elle puisse — ainsi que l'exige le fait
de l'évolution de la conscience en général — poursuivre son développement ?

Trois solutions peuvent, *a priori,* et en dehors de
toute réalité effective, satisfaire aux données de ce
problème.

La première consiste à admettre que les résultats
acquis par l'évolution antérieure demeurent à l'état
latent dans une sorte d'âme collective, un substratum
général de conscience où chaque être, en naissant,
puiserait le germe de ce qui sera sa conscience, c'est-

à-dire l'ensemble de ses facultés de connaissance, et où cela retournerait à sa mort, mais modifié et comme enrichi par la somme d'expériences réalisées au cours de cette vie. Ainsi grandirait cette potentialité collective, seule réalité permanente, par cette succession d'apports individuels fournis par des êtres transitoires dont les consciences, distinctes et relativement hétérogènes tant qu'elles demeurent attachées à des formes périssables, retournent, aussitôt ces formes brisées, se fondre dans l'unité de l'essence homogène chaque fois un peu modifiée dans le sens d'un progrès constant. C'est l'hypothèse de l'âme collective.

La seconde solution est celle de la transmission par hérédité physique ou transmission suivant la lignée ancestrale. C'est la seule à laquelle se soit ralliée la Science, au moins jusqu'à ces derniers temps.

Enfin et en dernier lieu, on peut concevoir que l'évolution, évidemment individuelle pendant la durée de l'existence physique d'un même *individu*, demeure individuelle hors des limites de cette existence aussi bien avant qu'après, se poursuivant comme telle à travers une succession en nombre indéfini d'existences, sans que sa continuité soit rompue pendant les périodes qui séparent deux existences consécutives. Dans cette hypothèse, le résultat global des expériences subies et le progrès qui en résulte pour la conscience se conservent dans cette individualité permanente dont ils demeurent la propriété exclusive et par laquelle s'assure la continuité de leur transmission dans le temps.

En résumé, pour expliquer cette transmission de la conscience à travers les âges sans laquelle l'évolution ne saurait être et que, conséquemment, le fait de cette évolution affirme, trois modes peuvent être conçus : la transmission par voie *collective*, la transmission par voie *héréditaire*, la transmission par voie *individuelle*. Je ne vois pas d'autre mode possible, mais lequel est conforme à la réalité des faits ?

Tous trois, nous enseigne la Théosophie, trouvent leur application dans la nature, mais chacun a son domaine propre et bien caractérisé. La transmission n'est héréditaire que pour certaines caractéristiques d'ordre exclusivement physique ; elle est collective pour l'instinct proprement dit — l'instinct animal qu'il ne faut pas confondre avec l'intelligence ; — enfin, elle est individuelle pour ce qui est la conscience vraiment humaine, source de facultés susceptibles de varier énormément, comme qualité et comme quantité, d'un individu à l'autre. Sont-ce là de pures spéculations métaphysiques, plus ou moins séduisantes pour l'esprit mais sans bases sérieuses, ou les résultats d'une étude approfondie des choses et des êtres, capable de conduire à la certitude ? A

vrai dire, dans ce cas particulier comme dans beaucoup d'autres, cette certitude ne peut être acquise
que dans la stricte mesure où une longue et patiente
étude a peu à peu dévoilé la cohésion parfaite, l'unité
absolue de la synthèse théosophique et un tel résultat ne peut être que personnel. Mais, à défaut de
preuve directe, la simple logique basée sur les faits
les plus élémentaires conduit à cette conclusion que,
des trois procédés possibles de transmission, les
deux premiers sont nettement inapplicables à la conscience humaine, le dernier — la transmission individuelle — convenant seul, et d'une façon complète,
à ce cas. En effet :

La transmission collective entraînerait comme
conséquence forcée une identité complète de conscience, au moins originelle, chez tous les individus
d'une même génération ayant puisé au même substratum commun. Cette conséquence, qui se trouve
vérifiée pour les animaux auxquels la théosophie applique la notion de « l'âme collective », — en particulier chez ceux qui vivent en troupeaux — ne permet
pas à une telle hypothèse de subsister devant le spec-
tacle des diversités de toute nature que présentent les
hommes appartenant à une même génération. Nettement inconciliable avec le fait de cette diversité, qui
constitue précisément une des différences les plus
tranchées par où l'homme se distingue de l'animal,
cette hypothèse ne peut donc qu'être rejetée.

Une constatation du même ordre, tout aussi précise, conduit également au rejet de l'hypothèse héréditaire. Elle est inconciliable avec le fait des différences de nature, souvent radicales, que présentent entre eux les enfants d'une même descendance, et toutes les tentatives de justification par où l'on s'est efforcé d'étayer cette hypothèse n'aboutissent qu'à substituer à l'influence de l'hérédité celle des contingences et par suite du hasard. Ce qui est simplement un aveu d'ignorance. Au reste, cette hypothèse, dès qu'on la fait sortir du domaine restreint où ses vérifications expérimentales trouvent place, n'apparaît que comme une généralisation entièrement *a priori*, et si elle a joui et jouit encore d'une certaine vogue, elle la doit bien moins à sa valeur intrinsèque qu'à l'empressement avec lequel l'École matérialiste s'est hâtée d'accueillir et de prôner une notion où elle trouvait un puissant argument en faveur de sa thèse. Mais il n'est peut être pas de famille où elle ne soit contredite par les faits. En particulier, il est extrêmement intéressant, pour le point de vue qui nous occupe, de constater que les facultés sont d'autant plus individuelles, d'autant moins transmissibles de père à fils, qu'elles sont plus hautes, partant plus humaines au *vrai* sens du mot. Il est surabondamment établi que de telles facultés ne sont pas l'apanage d'une lignée ancestrale, pas plus qu'elles ne sont celui d'une collecti-

vité d'êtres nés le même jour, *et cependant c'est*
bien par elles que se manifeste d'une façon écla-
tante le progrès de la croissance humaine, la
marche ascendante de l'homme vers les hautes
réalités de sa vraie nature.

Ainsi, cette continuité dans la conscience que
l'évolution postule, nous ne pouvons la découvrir ni
dans la transmission par voie collective, ni dans la
transmission par voie d'hérédité physique. Dans
l'un et l'autre cas, elle apparaît comme rompue,
partant contredite, par les différences qu'accusent
les contemporains, soit d'une même génération
(collectivité sociale), soit d'une même descendance
(famille). Pas plus que l'âme collective, l'hérédité
n'est le canal de cette transmission, et le rejet de
ces deux possibilités ne laisse subsister que la
troisième : la transmission par lignée, non plus
ancestrale, mais individuelle, telle que nous l'avons
définie plus haut, et au cours de laquelle les vrais
ancêtres de chaque homme, en matière de conscience
évoluante, ne sont autre que lui-même dans ses vies
antérieures.

II

La conclusion à laquelle nous sommes arrivés peut se formuler comme suit :

Parallèlement à l'hérédité physique, qui est ancestrale, il existe une hérédité psychologique qui est *individuelle*.

Il importe de ne pas perdre de vue les points de repère qui nous ont conduits à cette conclusion ; rappelons-les brièvement.

1° L'évolution, étant admise comme fait, suppose :

a) Un substratum, c'est-à-dire quelque chose qui évolue, qui progresse en fonction de la durée.

b) La continuité de ce substratum à travers la suite indéfinie des générations successives.

2° Ce substratum est la conscience — le pouvoir d'être conscient — à tous les degrés, depuis son état embryonnaire dans le minéral jusqu'à la conscience humaine et au delà.

3° Au stade humain, le mode de transmission, par quoi se maintient sa continuité, ne peut être trouvé

ni dans l'hypothèse d'une conscience collective où
viendraient se perdre les consciences momentanément individuelles, ni dans celle de l'hérédité ancestrale.

Seule, l'hérédité individuelle, telle que nous
l'avons définie précédemment, permet d'expliquer les
différences radicales de nature que présentent entre
eux les individus d'une même génération et d'une
même descendance.

*
* *

Le corollaire de cette conclusion est la *réincarna-*
tion, par quoi cette conscience constamment individuelle devient périodiquement *personnelle,* comme
conscience *d'une* personne. Représentant toujours
unique d'une lignée psychologique distincte de sa
lignée ancestrale, l'homme, à chaque naissance, re-
çoit l'héritage de la connaissance accumulée par ses
antécédents, lesquels, aussi bien que lui-même, ne
sont que les manifestations transitoires et successives *d'une seule et même conscience, progressant à*
travers et par ces manifestations. Et, par le fait
même qu'il s'agit de l'évolution *humaine* localisée
sur notre terre, c'est à travers les conditions variées
de la vie terrestre que cette lignée déroule, l'une
après l'autre, ses personnalités. Des idéalistes ont

parfois opposé à cette conception l'hypothèse de vies, passées aussi bien que futures, sur d'autres pla-nètes, dans d'autres mondes. Mais c'est renoncer au témoignage des faits pour entrer dans le domaine de la spéculation purement imaginative. Car, étant indépendante en soi de toute idée d'évolution, cette hypothèse ne peut plus se justifier des données expé-rimentales sur lesquelles notre conception s'est édi-fiée. La raison en est claire. L'évolution exige que les résultats individuellement acquis soient conser-vés dans l'espèce; car ce qu'il nous est permis de constater, ce sont les progrès de l'espèce et non ceux des individus; d'où la nécessité, pour chaque con-science individuelle, d'être inséparablement liée à toutes les autres dont le faisceau total constitue l'espèce évoluante.

Supposez qu'au lieu d'en être ainsi, chacune d'elles ne fasse que traverser l'humanité terrestre, au cours d'une seule existence, emportant ailleurs, et pour toujours, les fruits de cette existence : que reste-il pour expliquer l'évolution? Puisque ces entités conscientes ne reviendront plus sur terre, par quel miracle celles qui viendront ensuite auront-elles profité de leur expérience acquise?

Entre cette conception et la nôtre, la différence est celle qui sépare une hypothèse *a priori* d'une dé-duction qui, pour hypothétique qu'elle puisse être elle-même, présente au moins cet avantage de n'être pas arbitraire, puisqu'elle est la représentation d'un certain nombre de faits expérimentaux. Tel est le caractère de l'hypothèse scientifique, et c'est par là qu'elle diffère de la simple « supposition ».

* *

Quant à la réalité d'une descendance psychologique distincte de la descendance purement physique, elle ne sera naturellement pas admise par les matérialistes, pour lesquels la seule réalité valable est celle de l'organe physique, condition à la fois nécessaire et suffisante de toute manifestation psychologique sur le plan de nos perceptions.

Nous différons d'avis en cela que, tout en considérant la condition comme *évidemment* nécessaire, nous ne saurions admettre comme prouvé qu'elle soit *suffisante*.

Ce qui prouve, nous dit-on, que les soi-disant facultés de l'âme n'ont rien que de matériel et qu'elles tiennent tout entières dans l'organe, c'est qu'une lésion de l'organe altère ou supprime la faculté.

Dans cet argument, nous ne pouvons trouver autre chose que l'affirmation d'une évidence pure et simple, si complète même en tant que certitude *a priori* qu'elle pourrait se dispenser de toute vérification expérimentale. C'est simplement la constata-

tion de ce fait que l'organe sert à quelque chose.
Mais de là à s'identifier avec la *cause* dont il limite
et conditionne les *effets*, il y a un abîme. La faculté
— qui n'est elle-même qu'une modalité de la conscience — s'exprime par l'organe comme le musicien
s'exprime par l'instrument. Si celui-ci est défectueux
ou avarié, l'exécution sera défectueuse ou même impossible, mais cela ne prouve cependant pas que
l'instrument soit l'instrumentiste. De même, si le
filament d'une lampe à incandescence est rompu, la
lampe cesse d'éclairer, et pourtant la lumière n'a pas
son origine dans le filament, mais dans l'énergie
électrique que la résistance de celui-ci transforme en
chaleur.

* *

Il faut d'ailleurs convenir que, indépendamment
de l'appoint qu'il a puisé dans la réaction antireli-
gieuse, le succès de la thèse matérialiste est aussi
dû pour une grande part à l'extrême médiocrité des
conceptions occidentales en matière de psychologie.
C'est à la même cause que nous devons attribuer les
erreurs d'interprétation auxquelles donne constamment lieu l'idée de réincarnation, ainsi que les objec-
tions et les critiques que ces erreurs suscitent. Nos
mentalités comportent, soit à l'état de concepts,

soit à l'état de tendances, un petit nombre de proto-
types simples, que nous devons à notre éducation
et à l'ambiance intellectuelle et religieuse, et auxquels nous sommes inconsciemment conduits à rapporter toutes les notions nouvelles, quitte à les défi-
gurer de la façon la plus complète et la plus impré-
vue.

Aussi convient-il, avant d'aller plus loin dans
l'étude de ce que peut être l'individualité permanente, de dire tout d'abord ce qu'elle n'est pas, afin
de déblayer le terrain d'un certain nombre d'idées
préconçues qui l'encombrent.

*
* *

L'erreur fondamentale — nous pourrions dire
l'hérésie —, qui est la source de nombreuses confusions, consiste dans l'identification du principe réin-
carnant avec le *moi* humain. *Ce n'est pas l'homme
qui se réincarne*, et ce n'est pas la *survie*, mais
uniquement *l'hérédité individuelle*, que la thèse de
réincarnation affirme. Par rapport à l'homme actuellement vivant, les personnalités antécédentes sont
ses ancêtres, non lui-même ; ces personnalités ont
disparu comme ont disparu ses ancêtres physiques
et comme lui-même, en tant qu'homme, disparaîtra,
après avoir grossi de ses acquits personnels le flot

de vie-conscience qui, pour un temps, a manifesté certains pouvoirs à travers lui et qui maintenant va poursuivre son cours en delà, comme auparavant en deçà, de son être transitoire.

Donc, lorsqu'on nous allègue que l'idée de réincarnation n'a pas d'autre origine que le désir de survie naturel à l'esprit humain, nous sommes en droit de dire que cette idée ne répond nullement à un tel désir. Entre le présent et le passé, le rapport est le même qu'entre l'avenir et le présent et, puisque nous n'avons pas trouvé dans l'existence actuelle le témoignage, pour notre *moi* conscient, d'une survie relativement à la précédente, nous ne saurions être fondés à croire que ce même *moi* actuel se sentira revivre dans la prochaine incarnation.

* *

Ici se pose la question : Mais pourquoi en est-il ainsi, et le fait de cette perte de mémoire n'est-il pas en contradiction avec la continuité de la conscience à travers la suite des incarnations ?

Disons-le de suite : l'absence de tout souvenir précis d'une vie antérieure, pour générale qu'elle soit au stade actuel de l'humanité, n'est cependant pas sans souffrir d'exceptions, et celles-ci démontrent que la règle commune n'est pas l'expression d'une

loi de la nature, mais simplement celle d'une restriction inhérente à un certain état d'imperfection de la
conscience humaine en voie d'évolution.

C'est sur ce sujet que nous reviendrons plus loin
en définissant la différence qui sépare la conscience
humaine — phénomène transitoire conditionné par
des organes physiques — de la conscience individuelle permanente.

III

Nous allons maintenant aborder l'étude des rapports qui existent entre, d'une part, la conscience
permanente et individuelle dont l'évolution se poursuit à travers la succession des existences humaines
et, d'autre part, cet ensemble de facultés, conditionnées par les diverses parties de son organisme,
d'où procède la conscience de l'homme, au sens
ordinaire du terme.

A ne considérer cette conscience que comme la
manifestation transitoire de la conscience permanente qui en est la source, on serait porté à concevoir que, de l'une à l'autre, la relation est simplement celle de cause à effet. Mais pour exacte qu'elle
soit, cette notion, seule, ne serait pas complète ;
elle ne présente qu'un aspect sur deux de la réalité.
Car si, en tant qu'*actualité*, l'ensemble des facultés
humaines procède de la conscience permanente qui,
relativement à elles, apparaît comme le fruit du
passé, celle-ci, à son tour, en tant que *devenir*

5*

(c'est-à-dire envisagée dans son évolution) procède de ces facultés par le moyen desquelles s'élabore sa propre croissance. La conscience humaine est donc de la sorte à la fois effet et cause : effet quant au *passé* de la conscience permanente, cause quant à son *avenir*; effet, si on la considère relativement à son origine, cause, si l'on envisage son rôle dans l'évolution créatrice. La relation est réciproque, et nous allons en examiner successivement les deux aspects.

⁂

1° Nature de la conscience humaine ; sa dépendance relativement à la conscience permanente.

Étant bien entendu que nous n'avons à traiter, dans cette première partie de notre étude, qu'un seul aspect de la question, il nous sera permis de considérer les facultés dites « de l'âme » comme représentant, dans le domaine de la psychologie, l'analogue de ce que sont, dans le domaine de la physique, les diverses modalités auxquelles une même source d'énergie peut donner naissance. Un exemple suggestif nous est fourni par l'électricité. Ce qu'on nomme le courant électrique échappe complètement à nos perceptions, parce que nous ne possédons pas de sens organisé pour y répondre comme l'œil répond à la lumière, l'oreille au son. Pourtant, il ne s'agit pas là d'une abstraction ; derrière le voile qui la dissimule à l'imperfection de notre organisme, la réalité de cet agent s'impose à notre esprit par les manifestations secondaires, accessibles à nos sens, auxquelles il donne lieu sous d'autres formes que la sienne propre. Et ces formes, ces modalités diverses qui ne sont que les effets tangibles d'une cause dont la nature est inconnue, ce qui les conditionne, c'est la constitution matérielle spéciale à chaque milieu offert à l'action du courant. Dans un circuit résistant, l'énergie électrique manifestera la forme *chaleur* ; ce sera la forme *action chimique* dans un circuit électrolytique ; ailleurs, et au prix de dispositifs convenables, ce sera de l'énergie *motrice*. Partout, la cause initiale est la même, mais les effets diffèrent et l'origine de ces différences n'est pas dans la cause même, mais seulement dans la constitution matérielle du milieu — disons de l'organisme — où cette cause agit.

Il en est exactement de même pour le cas qui nous occupe, et, si l'on a bien compris ce qui précède, nombre de difficultés disparaîtront. La Conscience permanente qui fait l'objet de notre étude *n'est pas plus une abstraction que l'électricité* ; mais, pas plus que l'électricité, elle n'est accessible à notre entendement sous la forme ou dans l'état qui lui

sont propres. Elle est, en soi, le *pouvoir de connaître*, exactement comme l'énergie est le *pouvoir
de mouvoir* et il n'est pas de connaissance qui ne procède de ce pouvoir, mais chaque forme qu'il revêt
pour se manifester comme faculté de la conscience
humaine doit son caractère propre à l'organe qui
conditionne cette faculté : pensée ou perception des
sens.

L'organe est, pour la conscience, ce qu'est le
circuit pour le courant électrique ; de sa nature, de
sa forme, de sa constitution matérielle, en un mot,
dépendront les effets qui sont ici nos facultés et
dont la cause première réside dans la conscience
permanente.

* *

Il nous sera maintenant facile de comprendre
sur quelles notions incomplètes repose l'origine de
la querelle entre spiritualistes et matérialistes. Toute
manifestation, tout phénomène, de quelque nature
qu'ils soient, physique ou psychique, suppose
nécessairement deux facteurs, dont l'un est la cause
active et représente en quelque sorte l'aspect *vie*
du phénomène, tandis que l'autre est le support
matériel d'où procède son aspect *forme*. Ces deux
facteurs, bien que distincts, sont unis dans une

indivisible dualité partout où se manifeste une forme quelconque de l'énergie ou de la vie. Prétendre tout ramener à la matière reviendrait à nier le mouvement, car le mouvement n'est pas matière ; or, c'est à la notion de mouvement que se rattache l'aspect *vie* d'un phénomène, quel qu'il soit. Mais, d'autre part, il est vrai que l'on ne saurait concevoir de mouvement sans mobile, partant sans matière, et c'est pourquoi l'on ne peut attribuer à l'âme, en tant que définie comme *immatérielle*, des facultés dont elle serait le principe unique.

Le matérialiste est donc en droit d'affirmer la *dépendance* de la fonction à l'organe de même que le spiritualiste est en droit de nier qu'elle ait en lui son *origine*. Mais ces deux notions, bien loin d'être contradictoires, sont strictement inséparables, et l'erreur consiste dans l'exclusion de l'une au seul profit de l'autre.

.·.

Partout et toujours l'on trouve réunis ces deux facteurs, vie et matière, dont l'un *produit* la manifestation que l'autre *conditionne*, en lui attribuant la forme adéquate aux limitations qui caractérisent chacun de ses états. Nous disons *limitations*, parce que, dans toute manifestation de l'énergie ou de la vie, le rôle de support matériel est éminemment *restrictif*. Ce n'est que par la résistance du conducteur, limitant ses effets, que l'électricité devient chaleur et lumière ; c'est également grâce à une cause de même nature qu'elle devient puissance motrice. Et ceci est absolument général. La matière, en effet, n'est concevable, n'est définissable que par cet unique attribut ; l'inertie, le Tamas des Hindous, et c'est des restrictions dues à cette inertie que procède, sans aucune exception, tout ce qui *est*, tout ce qui a forme. Car le phénomène type qui sert de base à la synthèse physique : la modalité vibratoire, n'existe que grâce à l'inertie du mobile qui le fait osciller de part et d'autre de sa position d'équilibre stable.

Mais ce n'est pas tout, et nous arrivons maintenant à une considération des plus importantes pour le point de vue qui nous occupe. L'inertie de la matière ne régit pas seulement la constitution de toutes choses, de tout *objet* de perception, mais encore la perception elle-même que, comme *sujets*, les sens nous en transmettent. C'est en effet à l'inertie de nos organes qu'est dû le caractère de continuité de nos perceptions. La persistance des impressions lumineuses sur la rétine n'est pas un phénomène isolé, exclusivement propre à la vision ; nous trouvons le même phénomène dans l'audition, pour laquelle le son proprement dit — son musical

— n'est manifestement tel que par suite de la rapi-
dité d'une pulsation que l'inertie du mécanisme
auditif ne lui permet pas de suivre, et par suite, de
transmettre telle quelle.

D'une façon absolument générale, toute perception ayant son origine dans une vibration extérieure
devrait avoir pour nous la forme rythmique d'une
pulsation, si l'inertie ne masquait ce rythme derrière une apparence de continuité parfaitement illusoire. La réalité, qui consiste en une succession
périodique d'états instantanés, échappe absolument
à nos sens, lesquels ne transmettent à notre conscience qu'une impression globale, diffuse, et qui
elle-même s'atténue et finit par s'évanouir lorsque la
fréquence du rythme augmente au delà ou diminue
en deçà des séries de valeurs auxquelles ils peuvent
répondre.

Notre connaissance du monde où nous vivons,
telle que les sens nous la procurent, est donc à la
fois *fragmentaire et illusoire*. Fragmentaire, parce
que nos perceptions n'interceptent dans la gamme
continue des vibrations qu'un petit nombre de suc-
cessions, discontinues de l'une à l'autre ; illusoire,
parce que celles-là même ne nous parviennent que
défigurées. Et c'est bien en cela que consiste la
Mâya de l'Univers, Mâya qui n'est pas un rêve, ni
la fiction d'une imagination ivre de métaphysique,
mais la plus précise et la plus certaine des réalités.

Or, cette double restriction, à la fois quantitative
et qualitative à laquelle se trouvent soumis les rapports entre le moi et le non-moi qui constituent la
conscience de la personnalité transitoire, dans son
aspect objectif, nous la retrouvons identique dans
les rapports entre cette conscience et celle de l'individualité permanente, dont elle n'est qu'un reflet
partiel et modifié.

De même qu'il existe une réalité extérieure dont
la *perception* ne nous parvient, à travers les sens,
que fragmentaire et défigurée, ainsi il existe une
réalité — disons intérieure — dont le *pouvoir* n'agit
qu'au prix de restrictions de même nature, dues à
la même cause : l'inertie de la matière, produisant
les mêmes effets : limitation et illusion.

Ici l'intermédiaire, siège et origine de ces restrictions, est le mental (manas), conditionné lui-même
par le cerveau chez l'homme physique. Du pouvoir
total de connaissance accumulé au cours des vies
antérieures, seul filtre dans le mental de chaque
personnalité ce que, tout d'abord, sa perméabilité
relative en laisse passer ; en cela consiste la limitation ou restriction quantitative qui, ne laissant
à notre disposition que des fractions discontinues

de ce pouvoir, crée de ce fait les facultés distinctes.

Puis, ce qui, en passant dans le mental, conditionne ces facultés, ne devient tel que moyennant
des modifications analogues à celles que nous avons
vu faire, d'une réalité extérieure, une perception
des sens. Telle est la restriction qualitative, créatrice de l'illusion. « Le mental est le grand destruc-
teur du réel », dit la Voix du Silence. Cette illusion
ayant, comme celle des sens, son origine dans
l'inertie de la matière, sera de même nature, bien
que plus subtile et par suite plus difficile à ana-
lyser.

Relativement au pouvoir qui en est la source, chacune de nos facultés représente donc une sorte de
dégradation de ce pouvoir, comme la chaleur qui
produit l'éclat d'une lampe est une dégradation de
l'énergie électrique.

En particulier, ce que nous appelons la mémoire
est la dégradation d'un pouvoir infiniment plus vaste,
auquel l'organe qui lui donne accès dans notre conscience humaine impose en premier lieu la limitation
de durée inhérente à sa nature transitoire. La mémoire de l'homme physique est elle-même physique,
elle tient tout entière dans le cadre de durée de son
existence actuelle. Lorsque le souvenir, cependant,
semble franchir ces limites, ce n'est plus alors le
cerveau qui se souvient : il ne fait que recevoir ce

qui lui est transmis d'une autre source et qui lui
parvient comme perception intérieure, avant d'être
enregistré par lui comme souvenir.

Mais la perte de mémoire d'une vie à l'autre n'infirme pas plus la continuité de la conscience individuelle à travers les incarnations successives que le
fait, pour le courant électrique, de ne pas manifester
de lumière le long du conducteur reliant une série
de lampes, n'infirme la continuité de ce courant·
Bien qu'un seul et même courant les traverse, chaque
lampe n'en possède pas moins son éclat propre, conditionné par sa résistance ; unies quant à la cause,
elles sont distinctes quant aux effets. Ainsi en est-il,
dans le cours du temps, pour la succession des consciences personnelles dont chacune a ses caractères
propres, d'une durée restreinte à celle des organismes qui la conditionnent, alors que subsiste la
conscience continue qui en est la source.

IV

En résumé, et c'est en cela que réside la clef des rapports entre la conscience permanente et la conscience transitoire de chaque personnalité, le *pouvoir de connaître* propre à chaque incarnation est *la dégradation d'une partie du pouvoir de connaître total* accumulé au cours des incarnations précédentes.

Relativement à ce dernier, il apparaît comme limité en *grandeur* par les restrictions que lui oppose l'inertie de la matière, agissant ici comme simple résistance passive ; en *qualité*, par les modifications — effets un peu différents de la même cause — qu'il subit en devenant conscience humaine ; enfin, en *durée*. Tout cela est inhérent aux divers états de matière qui conditionnent en facultés sa manifestation dans l'homme. C'est l'impôt prélevé sur la vie par la matière, pour prendre forme ; c'est le *rendement* de l'organisme humain.

Accroître ce rendement au cours de chaque existence afin que, de moins en moins dégradée (au sens indiqué précédemment), la conscience humaine manifeste une fraction toujours croissante du pouvoir qui en est la source, tel est, au stade humain, l'objet de l'évolution. Et, la réalisation de cet objet est le but même de la vie, but poursuivi, inconsciemment d'abord et durant nombre d'existences, par l'homme qui, obéissant aux intuitions directrices par où la vie intérieure cherche en lui son expansion, les traduit en activités généreuses ; puis, d'une façon toujours plus consciente, au fur et à mesure que, par le seul fait de cette expansion ainsi favorisée, le sens et le but de la vie se révèlent peu à peu à son intelligence.

Or, les facultés humaines sont les instruments de cette réalisation ; c'est par elles que la vie opère dans la forme, travaillant la matière pour la rendre toujours plus apte à traduire ses potentialités en actualités. Fruits du passé, elles sont les germes de l'avenir, et c'est ainsi que la conscience permanente se trouve dépendre, dans son progrès, de la série de ses manifestations transitoires comme conscience humaine.

Tel est le second aspect, que nous allons maintenant examiner, de la question en cours d'étude.

2° Nature de la conscience permanente ; sa dépendance relativement à la conscience humaine.

La première partie de ce titre pourra sembler

bien ambitieuse ; ne s'agit-il pas en l'espèce d'une
notion hypothétique soustraite, de par sa nature
même, à toute possibilité de contrôle expérimental ?
Cependant, de deux choses l'une : ou cette notion
n'est que fictive, sans rapports avec les faits, et rien
que de conventionnel ne saurait dès lors en être dit ;
ou bien ces rapports existent, ils ont été pour nous
le pont qui nous a permis d'atteindre à une réalité
plus haute, et nous devons trouver en eux de quoi
nous faire tout au moins une idée générale de cette
réalité. Tel est le cas et, dans ce qui va suivre, nous
n'aurons pas à faire intervenir de données autres
que celles sur quoi s'est jusqu'à maintenant édifiée
notre notion de la conscience permanente.

Assurément, réduite à n'utiliser que des prémisses
d'un ordre aussi général, la question ne saurait être
traitée, à beaucoup près, avec l'ampleur qu'elle présente dans les ouvrages dus à la plume de nos grands
instructeurs théosophiques. Mais notre programme
actuel ne va pas au delà de ce que nous pourrons
déduire de ces prémisses ; il ne comporte pas un
exposé complet de la question, mais seulement la
mise en lumière d'un petit nombre de données susceptibles d'être ultérieurement utilisées comme bases
de l'étude d'ordre pratique qui constitue notre principal objet.

.·.

Nous sommes partis de cet axiome que l'évolution suppose un substratum, quelque chose qui évolue. Le propre de ce substratum est, nous l'avons vu, d'être et de demeurer *individuel* au stade humain : nous devons en outre lui reconnaître, comme inhérent au fait de sa conception même, le double caractère de *continuité ou permanence* et de *progrès*; enfin cette continuité, que la mort ne brise pas, lui suppose une existence propre, c'est-à-dire indépendante des formes transitoires auxquelles il se trouve périodiquement associé dans chaque personnalité humaine. Telles sont les premières données inséparables de la notion dont il s'agit ; nous allons examiner ce que nous pouvons en déduire.

Nous remarquerons tout d'abord que *permanence implique conformité de nature avec ce que veut la Loi directrice de l'évolution* : elle est donc ici le fait d'une réalisation constamment en harmonie avec les forces créatrices, soustraite dès lors à l'atteinte des forces destructrices dont le rôle est d'éliminer sans cesse, en le rejetant dans le creuset de la nature, tout ce qui est imparfait. Cela nous conduit à concevoir les limitations de la conscience permanente comme étant en quelque sorte d'ordre

quantitatif plutôt que *qualificatif*, et conséquemment à envisager son évolution comme se ramenant
à un phénomène de *croissance*.

Demandons-nous maintenant de quelle nature
peut être cette existence distincte que lui attribue le
fait de subsister entre deux vies humaines ; quel est
le mode d'être de cette continuité qui, pour employer
une image orientale, relie la succession des vies
comme le fil relie les perles d'un collier. S'agit-il
d'un principe immatériel, âme ou pur esprit ? Cette
hypothèse serait inconciliable avec le fait de sa croissance, aussi bien qu'avec celui de ses limitations,
car ce sont là des attributs d'ordre essentiellement
matériel. De plus, la Théosophie ne conçoit à aucun
degré *l'être* autrement que comme dualité esprit-
matière ou vie-forme. Nous avons précédemment
écrit : « La Conscience permanente n'est pas plus
une abstraction que l'électricité », or, de même que
nous ne pouvons concevoir de courant électrique
sans conducteur, ainsi nous devons attribuer au principe dont il s'agit un support matériel, quelle que
puisse être d'ailleurs la nature de ce principe et
simplement parce qu'il correspond à une réalité et
non à une abstraction.

Il va sans dire que par « support matériel » nous
n'entendons nullement de la matière au sens restreint où ce terme est parfois pris en physique, avec
le *poids* comme attribut essentiel. Sans insister sur

ce que présente de paradoxal, au point de vue philosophique, le fait de rapporter à la notion de force ce qui est justement l'antithèse de la force, nous devons maintenir au sens du mot matière l'absolue généralité qu'implique la nécessité d'un mobile au mouvement, d'un support à l'énergie, avec l'inertie comme unique attribut, et ce sont là des conditions auxquelles la question de pondérabilité demeure étrangère. Elles constituent la raison d'être fondamentale par où s'est imposée aux physiciens la notion de l'éther, siège des modalités vibratoires qui se manifestent comme lumière, électricité, magnétisme, chaleur rayonnante, etc...; et la même raison nous impose la notion d'un état matériel dont le propre sera pour nous — quels que puissent être d'ailleurs ses autres caractères — d'être le siège de cette énergie supérieure dont les manifestations, dans l'être humain, apparaissent comme facultés de sa conscience.

Corps causal. — Mais le caractère d'individualité permanente de cette énergie, hors de ces manifestations périodiques comme conscience personnelle, implique la nécessité, pour le milieu qui en est le siège, d'être distinct et comme isolé de l'ambiance ; limité et, par suite, ayant *forme*. Car, tout ainsi que la notion de croissance, celle de séparation appartient en propre à la matière, et c'est l'isolement du support matériel qui crée l'individualité de la vie, de la conscience, de l'esprit à tous leurs degrés de manifestation.

Voici la description que donne M⁰ᵉ Besant de cette forme à ses débuts.

« Un voile ténu d'essence subtile, à peine percep-
« tible, délimitant la sphère individuelle de l'être
« séparé. Ce voile délicat, incolore et de matière
« subtile, est *le corps qui perdure à travers toute*
« *l'évolution humaine,* le fil qui soutient et relie
« toutes les vies. »

C'est ce que les Théosophes nomment le Corps causal, parce qu'il recèle effectivement les causes de toute activité consciente.

6

V

L'ÉGO CAUSAL OU RÉINCARNATEUR

Nous voici parvenus à cette conclusion que ce substratum individuel, par quoi s'assurent la continuité et l'évolution de la conscience au stade humain est à la fois vie et forme, esprit et matière. C'est donc un être, une *individualité* vivante, et non un concept abstrait ; c'est l'Ego causal, appelé aussi Ego réincarnateur, parce que c'est lui qui, lors de chaque naissance, s'incarne dans le corps de chair qu'il abandonnera au moment de la mort.

Or, cet Ego, c'est l'Homme véritable, le représentant réel — bien qu'encore à l'état presque embryonnaire comparativement à ce qu'il doit devenir — du règne humain qui, dans sa manifestation extérieure, l'homme de chair, n'est que le prolongement du règne animal. L'Ego est le détenteur des destinées humaines ; reproduisant, sur une échelle de durée infiniment plus étendue, les phases de la vie animale, il est né, il a grandi et continue à grandir, déroulant son enfance, son adolescence et sa maturité à travers un nombre immense de vies humaines. Et un jour viendra, si lointain soit-il, où sa forme actuelle, le Corps causal, ayant rempli son rôle, disparaîtra comme disparaît le corps physique, transférant à une autre forme l'héritage de la connaissance acquise.

Mais si longue est sa durée par rapport à celle de la vie humaine, que nous sommes en droit de le considérer comme éternel, au sens *relatif* du terme ; sens relatif que, soit dit en passant, la théosophie attribue toujours aux notions que l'on est, au contraire, habitué à regarder comme absolues, soit dans le temps, soit dans l'espace.

C'est donc à ce titre qu'il est pour nous l'Être permanent dont notre personnalité actuelle est comme le masque (persona, de per-sonare, sonner à travers) et nous n'aurons plus maintenant à parler de la conscience permanente, mais de l'Ego causal, de l'Être conscient dont l'évolution se poursuit à travers et par les incarnations humaines.

* *

La question relative à la nature de la Conscience permanente se trouvant maintenant résolue, il nous reste à examiner le second point de cette partie de notre étude, concernant sa dépendance vis-à-vis de la conscience transitoire de chaque personnalité humaine.

Nous avons précédemment dit que cette dépendance consistait en ce que les facultés humaines sont les instruments du progrès de la Conscience permanente, les moyens mis en œuvre, lors de chaque incarnation, pour provoquer et activer sa croissance. Nous pouvons maintenant préciser cet énoncé dans la forme, en définissant chaque personnalité comme étant l'ouvrier de cette œuvre d'évolution dont l'Ego recueille les fruits. Il n'est pas de question plus grave et plus importante, car sa solution est celle du problème de la destinée humaine ; elle nous fait connaître le sens et la raison d'être de la vie. Nous y reviendrons avec quelque détail dans le chapitre relatif au Problème moral ; pour l'instant, nous ne ferons qu'en esquisser les grandes lignes.

*
* *

Nous avons déduit de la permanence de l'Ego Causal l'idée d'une perfection relative, d'une conformité actuelle avec la Loi créatrice, qui nous a conduits à concevoir son évolution comme pouvant se ramener à un phénomène de croissance. D'autre part, toutes limitations, quelle que soit leur nature, sont essentiellement *d'ordre matériel* ; elles se rattachent à l'aspect *forme*, non à l'aspect *esprit* de l'entité évoluante. Les limitations de l'Ego sont donc exclusivement celles de son corps, du Corps Causal, et *c'est à la croissance du Corps Causal que se ramène en conséquence l'évolution de l'Ego.*

Il y a là un point essentiel, d'une portée absolument générale et sur lequel il convient d'insister. *C'est de la matière et non de l'esprit que procède, à quelque degré qu'on le trouve, le principe d'individualité, et c'est également à la forme seule que s'attache l'idée d'évolution.* Car c'est une limitation qui, en la séparant de l'ambiance, crée l'individualité et c'est encore cette limitation qui sert de base et, pour ainsi dire, de point d'appui à l'action des forces créatrices, car là où règne l'absolu il ne saurait y avoir de progrès.

L'âme, l'esprit pur, la vie Une, ou quel que soit le mot choisi pour désigner le principe dynamique d'où procède toute la manifestation de la Conscience, de la Vie ou de l'Energie, est, en tant qu'absolu, strictement incompatible avec la notion d'individualité. C'est, dans notre vocabulaire théosophique, « Atma », l'Ame Universelle, une *Unité irréductible* dont chaque âme individuelle ne peut, à aucun titre, être considérée comme une *parcelle,* mais seulement comme un *reflet,* devant ses caractéristiques

spéciales à des restrictions analogues à celles qui,
de la lumière blanche frappant un objet, extraient
en quelque sorte la coloration propre à cet objet.

La lumière qui baigne toutes choses étant la même,
la couleur de chacune est le fait d'une inertie spéciale, propre à son état matériel, et qui, absorbant
les autres, ne laisse réfléchir par l'objet qu'une partie des rayons incidents. De là provient, pour la
lumière ainsi réfléchie, la coloration qui constitue
son *individualité*, et celle-ci est donc exclusivement
due à un certain état d'inertie de la surface réfléchissante.

Cet exemple est un cas particulier d'une loi absolument générale. Toute individualité procède d'une
cause de même nature. Atma est la Lumière, une
dans son essence, à laquelle chaque âme emprunte
le rayonnement qui est son être même, mais ce qui,
en donnant à ce rayonnement sa nuance propre, in-
dividualise cette âme, c'est l'inertie de l'élément matériel sur lequel la lumière d'Atma se réfléchit.
L'origine de cette différenciation est dans la matière,
non dans l'esprit.

Ceci nous fait pénétrer l'évidence de cette vérité,
à savoir que *l'évolution est le retour à l'unité*.
Car toute différence provient d'une limitation et
l'évolution travaille à détruire toute limitation. Et
telle est aussi la solution de cette antinomie, en
apparence déconcertante et source de mainte contradiction, que nous trouvons dans le bouddhisme.

Examinée du point de vue propre à nos philosophies, cette doctrine semble à la fois spiritualiste et matérialiste : spiritualiste par sa conception de la matière, matérialiste par sa conception de l'âme, en ce sens tout au moins qu'elle n'admet pas l'existence d'un principe à la fois *individuel* — par suite conditionné — et *immortel*. Mais c'est précisément dans l'hypothèse de ce double attribut contradictoire que l'antinomie réside. Car toute individualité n'étant que le résultat de limitations doit s'évanouir avec elles ; c'est donc un principe essentiellement transitoire, et si cette idée, dans la pure et rigoureuse logique qui l'avait imposée à des esprits bien autrement subtils que nos mentalités européennes, a pu choquer celles-ci, c'est parce que l'on s'est habitué à donner l'immortalité pour attribut à l'âme individuelle ainsi qu'on donne en physique le poids pour attribut à la matière, sans plus de réflexion.

Cela ne signifie d'ailleurs pas que le bouddhisme restreigne la vie individuelle à la durée d'une seule existence, car cette doctrine professe la réincarnation basée sur la continuité d'un principe, sinon éternel, du moins permanent au sens relatif du terme, impliquant une durée très longue relativement à celle de la vie humaine ; ni que le bouddhisme se refuse à la conception d'un principe immortel. Seulement, ce principe (Alaya) demeure au-dessus de toute individualité. Il est la Vie, éternelle, im-

muable, n'évoluant pas non seulement parce que
toute limitation lui est étrangère, mais encore *parce
que c'est par cette Vie que tout évolue*. La cause
ne peut pas être en même temps l'effet, la force
motrice se confondre avec le mobile. *L'évolution
suppose, de toute nécessité, l'existence d'un tel
principe.* C'est, sous un autre nom, Atma, et sur ce
point comme pour ce qui concerne la permanence
relative de l'Ego Réincarnateur, la Théosophie est
d'accord avec le bouddhisme.

∴

Appliquant ce qui précède à l'Ego Causal, nous
dirons que son âme est le rayonnement d'Atma
réfléchi par le Corps Causal ; que c'est en ce corps
que résident les limitations qui conditionnent ce
rayonnement, manifesté comme pouvoir de connaître, et que, conséquemment, c'est ce corps qui
évolue.

Nous avons énoncé, de plus, que cette évolution
se ramenait à un phénomène de croissance. La
matière composant le Corps Causal est en effet le
résultat d'une sélection préalable, suivie d'une organisation qui le rend propre à exprimer en conscience la Vie Une d'Atma ; son état qualitatif est
déterminé par cette sélection d'où procède sa for-

mation progressive et l'on peut se figurer cette dernière comme un accroissement par lequel la *surface réfléchissante* augmente sans cesse, et avec elle la quantité de lumière réfléchie qui est la conscience de l'Ego. Le « pouvoir de connaître », objet de l'évolution, progresse donc en quelque sorte comme la *capacité* du Corps Causal, et l'acception vulgaire que prend ce mot de « capacité » pour désigner le degré d'intelligence d'un homme semble vraiment correspondre à une réalité supérieure.

.˙.

Ces quelques données générales vont maintenant nous permettre de solutionner d'une manière extrêmement simple les deux questions suivantes : Comment s'opère la croissance de l'Ego et quelle est, en cela, la part de la personnalité ?

Recourant sans hésitation au principe d'analogie dont l'axiome occulte : « En haut comme en bas » justifie pleinement l'emploi dans ce cas, nous dirons que, tout comme celle du corps physique, la croissance du Corps Causal procède par *alimentation, élimination et assimilation.*

La Théosophie nous enseigne qu'à chacune de ces trois phases correspond un mode spécial et approprié d'existence : ces trois modes successifs cons-

tituant dans leur ensemble l'existence ininterrompue
de la personnalité humaine entre deux incarnations
consécutives ; ainsi est assurée la continuité de la
vie individuelle.

Le premier mode d'existence est la vie de l'homme
physique, la vie telle que nous la connaissons. Par
les événements, les contacts de toute sorte avec les
êtres et les choses, elle est, pour chaque homme, le
champ où il récolte sous forme d'expériences, souvent douloureuses, les fragments de connaissance
qui, dûment sélectionnés par la suite, seront les
aliments de son corps causal. Ces fragments de connaissance acquise ne demeurent pas sous la forme
intellectuelle où les conserve, d'une façon plus ou
moins partielle, la mémoire de la personnalité
vivante, mais ils subissent ultérieurement une trans-
mutation dont le résultat sera d'en extraire ce qui
peut être assimilé, non comme connaissance docu-
mentaire, mais comme pouvoir, ou plutôt comme
capacité de connaissance.

C'est par le second mode d'existence — cette vie
intermédiaire que la religion chrétienne a très justement qualifiée de *purgatorielle* — que s'opère la
sélection, suivie de l'élimination progressive des
éléments non assimilables.

Enfin, l'assimilation proprement dite se produit
au cours du troisième mode d'existence — le paradis
des religions, le Dévakhan des théosophes — par

lequel se termine le cycle total de vie de chaque
personnalité humaine.

Immédiatement après, l'Ego se réincarne pour
utiliser ses pouvoirs acquis à en conquérir de nou-
veaux, étendant de la sorte et toujours, conformé-
ment aux fins de l'évolution, le champ de sa Conscience.

.·.

Nous limiterons à ces notions générales cet exposé
de la Réincarnation, destiné à servir d'introduction
à ce qui va suivre. L'étude plus détaillée du rôle de
la vie humaine, dans ses rapports avec la croissance
de l'Ego Causal, rentre dans le cadre du Problème
Moral, auquel nous voici maintenant parvenus.

VI

LE PROBLÈME MORAL

L'amoralisme.

La question morale ne présente aucune difficulté hors de celles qu'on y introduit en la plaçant sur un terrain qui n'est pas le sien. Ce n'est pas une question d'ordre intellectuel, mais vital ; les facteurs qui la régissent ne procèdent pas de la raison analytique, mais d'un sens supérieur, reflété comme instinct dans la conscience humaine. *C'est l'instinct de conservation de l'homme véritable, de l'Ego Réincarnateur.*

La nature se répète à tous les degrés de son œuvre créatrice et le sens spécial qui, guidant l'animal dans le choix de ses aliments, sauvegarde sa vie et sa santé, se retrouve dans l'homme sous une autre forme, veillant sur le salut de la vie de l'Ego. Nous

l'appelons conscience morale, ou encore sens moral
et ce dernier terme est le plus juste, car c'est bien
vraiment d'un *sens* qu'il s'agit. Et précisément parce
que c'est un sens et non la raison pure qui guide ainsi
l'homme, ce n'est pas dans les témoignages de la raison pure qu'il faut chercher la preuve de la validité
des indications que ce sens nous fournit. En cela
comme pour le reste, les spéculations de l'esprit
n'interviennent qu'*a posteriori*, s'exerçant sur des
constatations qu'elles groupent et coordonnent, mais
qu'elles ne créent pas. De ce qu'aucun raisonnement
ne saurait démontrer le bien fondé des conceptions
morales, les amoralistes triomphent : « Cela ne se
démontre pas, disent-ils, *donc* cela n'est pas ». Mais
on ne *démontre* pas l'existence de la lumière ni celle
du son ; on *voit* l'une, on *entend* l'autre ; ensuite on
raisonne de l'une et de l'autre. Les raisonnements
peuvent être faux, les déductions erronées : cela n'em-
pêchera pas de voir et d'entendre, et aucun doute n'en
résultera quant à la validité de ces perceptions. Que
l'on vienne à établir que la théorie des ondulations est
fausse depuis A jusqu'à Z, personne n'en conclura
que la lumière est affaire de pure imagination. Il
devrait en être de même pour la morale ; malheu-
reusement, tel n'est pas toujours le cas et l'on est
trop porté à faire dépendre sa réalité de spéculations
philosophiques incertaines, au lieu d'en trouver la
preuve en soi-même. Le succès des amoralistes et

7

des matérialistes modernes n'a pas d'autre cause. Ils le doivent bien moins à la valeur intrinsèque de leurs conceptions. L'homme qui se ferme à la voix de sa conscience travaille à la rendre muette ; une fois ce résultat atteint, il peut prêter l'oreille et, n'entendant plus rien, conclure au néant de sa propre conscience : il est dans le vrai *pour ce qui le concerne.* A cela, quels arguments opposer qui puissent démontrer l'existence de ce qu'on ne perçoit pas ? Quelle théorie optique, si rigoureuse et si complète fût-elle, remplacera pour l'aveugle la perception directe des choses ? Mais l'aveugle, du moins, ne nie pas la vision, tout en n'en saisissant pas la nature, car il se sait un être d'exception. Ceux qui nient le sens moral, parce qu'ils n'en perçoivent pas les indications, feraient bien d'imiter la sagesse de l'aveugle, au lieu de prétendre qu'ils sont, eux, les clairvoyants (1). Qu'ils constatent en eux-mêmes l'absence d'un tel sens, c'est leur droit, mais ils n'ont pas celui d'étendre leur constatation à autrui. A ceux-là, nous ne saurions fournir de raisons capables de les convaincre ; leur cas relève de la clinique, si tant est qu'ils soient sincères dans l'étalage qu'ils font de leur infirmité morale.

(1) « Eriger un sens qui nous manque en source de vérité, c'est un bel aplomb d'aveugle. » (VICTOR HUGO, *Le Misérables.*)

C'est, avons-nous dit, par les expériences de la
vie, les épreuves auxquelles elle soumet l'homme,
que grandit l'Ego : ces épreuves, d'où procède sa
connaissance, servant en quelque sorte d'aliments
au corps causal. Il est bien évident que toutes les
possibilités offertes par la vie ne s'équivalent pas à
ce point de vue. S'il en est qui, ainsi que des subs-
tances non assimilables (ce sont de beaucoup les
plus nombreuses) ne contribuent en rien à la croissance du corps causal, d'autres sont pour lui de véritables poisons capables, non seulement d'arrêter
pour un temps cette croissance, mais de la compromettre d'une façon plus grave et plus définitive.

Le discernement spécial qui nous les fait éviter et
en quoi tient pour chacun de nous sa notion personnelle du bien et du mal, ce *sens moral*, est donc
essentiellement un *instinct de conservation*. De
l'animal à l'homme, il n'est que déplacé ; ce qui,
dans le premier cas, doit être protégé est la vie animale, et c'est sur elle que veille l'instinct ; mais, au
stade humain, la vie à sauvegarder est celle de l'Égo,
et l'instinct animal s'efface progressivement devant
l'instinct humain — qui est le sens moral — au fur

et à mesure que l'homme s'élève au-dessus de l'animalité.

Objectera-t-on que le propre de l'instinct animal est d'être identique chez tous les individus d'une même espèce, tandis que le sens moral diffère beaucoup d'un homme à l'autre ? Nous répondrons que ce caractère collectif de l'instinct animal ne saurait constituer une propriété inséparable de l'instinct en général, mais qu'il est simplement le résultat de la forme d'évolution propre au règne animal, laquelle est *collective* (voir notre premier article). Au stade humain, l'évolution est devenue individuelle ; il en est de même pour l'instinct de conservation supérieure dont il s'agit et qui progresse avec la vie dont il est le gardien. D'où sa diversité, conséquence inévitable de ses divers degrés de développement chez les individus.

Il ne saurait en être autrement et ce caractère d'inégalité que l'instinct moral partage avec *toutes* les facultés humaines, bien loin d'être en contradiction avec ce que supposent sa nature et son rôle, atteste au contraire l'une et l'autre. Car l'inégalité constitue l'une des caractéristiques les plus marquées par où l'homme diffère de l'animal et, puisqu'elle est la règle de l'espèce, on ne saurait arguer du fait que le sens moral est soumis à cette règle pour conclure à sa non-existence.

C'est en cela, cependant, que les amoralistes

prétendent trouver la preuve que rien n'est fondé
en matière de direction morale : celle-ci se réduisant
à une sorte d'auto-suggestion imprimée par la descendance, l'éducation, l'influence du milieu, etc...
De ce que le sens moral n'est pas le même chez tous
les hommes, à toutes les époques et dans tous les
pays, ils concluent péremptoirement à sa négation.

L'erreur résulte de ce qu'en méconnaissant la
vraie nature de la question on en fausse complètement l'étude. Dans son livre *Science et Conscience*,
M. Le Dantec formule comme suit la base de l'argu-
mentation par laquelle il croit pouvoir conclure à
l'absolue irréalité du sens moral :

« Tous les hommes ont la notion du bien et du
« mal, du juste et de l'injuste, mais ils ne s'en-
« tendent pas pour déclarer que telle chose est
« bonne ou mauvaise, juste ou injuste. Or leurs
« opinions à ce sujet sont un facteur très important
« de leurs déterminations, et il serait à désirer que
« l'accord se fît sur ces vérités humaines comme sur
« les vérités scientifiques. »

« Fais ce que dois, dit le proverbe. Mais qu'est-ce
« que je dois ? » (*Science et Conscience*, p. 266.)

L'erreur de principe qui va fausser irrémédiable-
ment les conclusions apparaît clairement dans ces
lignes : elle consiste à confondre le jugement moral

avec le jugement intellectuel, ou plutôt à faire du premier le vassal du second. L'auteur ne soupçonne ou n'admet pas qu'indépendamment de la conscience intellectuelle, siège de la raison pure, il puisse exister une conscience morale, opérant par ses propres moyens, sans le secours de l'intellect dont les ressources ne seront éventuellement requises que pour des tentatives de justification *a posteriori*, et non comme éléments de connaissance et d'inspiration préalables. Ce qui lui fait considérer les opinions des hommes comme « facteur très important de leurs déterminations », c'est cette idée, implicitement admise, que lesdites opinions sont le fruit d'opérations mentales conduites par la seule logique en vue d'aboutir au choix raisonné des déterminations. Assurément, beaucoup croient que les choses se passent ainsi et que, lorsqu'ils obéissent à leur conscience, c'est leur raison qui les détermine. Mais c'est là une illusion, une sorte de mirage du mental qui ne résiste pas à un examen plus approfondi. En matière de directions morales, le processus est inverse : l'intellect, au lieu de les régir, les subit ; il ne fait que refléter, sous forme d'opinions, le contenu de la conscience morale. Son action est ainsi d'ordre secondaire, et le facteur important n'est pas l'opinion, comme M. Le Dantec la pose en principe, mais l'impulsion intérieure qui l'a fait naître.

Parfois, il est vrai, et c'est là un cas fréquent chez les philosophes et les penseurs en général, l'abus de la spéculation intellectuelle fera éclore une théorie morale ou plutôt amorale étrangère à toute réalité intérieure : c'est comme une excroissance qui pousserait spontanément sur le mental hypertrophié. Mais le propre de semblables spéculations, lors même qu'appuyées par des arguments subtils elles se résolvent en des opinions très arrêtées, intransigeantes et apparemment sincères, est d'être sans aucune influence directrice sur les actes. Venues sans graine, par la seule fermentation d'un milieu échauffé, elles sont stériles. C'est ce que montre l'expérience, par l'exemple de tant de farouches détracteurs des lois divines et humaines, dont la vie s'est déroulée cependant en conformité paisible avec lesdites lois ; et c'est aussi ce que reconnaît M. Le Dantec, lorsqu'il écrit (p. 288) : « Nous n'agissons « jamais que pour obéir à un désir de notre con- « science ».

Il est toutefois évident qu'un tel état de choses lui apparaît comme illogique, en tant que contraire à ce qui devrait exister si la morale avait, comme la science, des réalités naturelles pour bases. Alors, la vérité morale serait justifiable du critérium scientifique et devrait présenter ce double caractère d'être générale et énonçable. M. Le Dantec ne concevra donc de loi morale qu'autant que son expres-

sion puisse tenir dans une formule applicable à tous
les hommes, comme la loi de gravitation s'applique
à tous les corps, et soit telle que, dans chaque cas
particulier, chacun puisse en déduire « ce qu'il
doit faire », sans qu'aucun doute puisse s'élever
dans son esprit quant à la certitude que cette détermination est la seule possible, comme seule conforme à la vérité scientifique.

Ayant posé ce critérium de la loi morale, il n'aura
pas de peine à démontrer ensuite qu'il est irréali-
sable.

Ce que l'homme se propose, dira-t-il (p. 287),
« est d'être dans la vérité ; mais qu'est-ce que la
« vérité quand il s'agit d'une attitude sociale ? Les
« lois naturelles découvertes par les savants et qui
« constituent la vérité scientifique, sont des lois
« inéluctables et qui s'appliquent sans que nous y
« prenions garde ; elles ne peuvent, en aucun cas,
« prendre l'aspect d'un *devoir* à accomplir ».

La conclusion sera qu'il n'existe pas et qu'il ne
saurait exister de loi morale ; tous les impératifs
que l'homme commet l'erreur de rattacher à une
telle loi provenant de « conventions plus ou moins
« fixées dans son hérédité » (p. 287). Le contenu de
la conscience morale n'est que le résidu laissé par
les contingences ancestrales : et si celles-ci avaient
été autres, ce contenu eût lui-même été différent
(voir p. 273-274). Quant au rôle de la science, il

est, en semblable matière, entièrement négatif de toute morale. « La science ne dicte pas de devoir « social ; *elle libère seulement l'homme des entraves* « *que peuvent apporter à son activité certains impé-* « *ratifs douloureux.* »

————

Il n'est pas nécessaire d'approfondir longuement la thèse de M. Le Dantec pour s'apercevoir que sa conception de ce que *devrait être* la vérité en matière de morale implique *a priori* et de toute évidence la négation même de la morale : car elle repose sur ce principe que seul mérite d'être appelé *vérité* ce qui ne laisse aucune place à un choix ou à une initiative quelconque.

Toute loi scientifique est l'expression d'une relation de cause à effet telle que, la première étant connue, le second s'ensuive nécessairement. Ainsi, de la connaissance préalable de la cause se déduit en toute certitude celle de l'effet, et la vérité scientifique consiste en cette certitude. Elle est donc inséparablement liée à une détermination complète, et c'est à une détermination de ce genre que M. Le Dantec voudrait voir également aboutir la vérité morale, de façon qu'il ne restât plus aucune possibilité de ne pas faire ce qu'elle implique dans chaque cas particulier. Partout où cette possibilité existe, comme dans le choix entre plusieurs décisions, c'est qu'aucune d'elles ne saurait être conforme à une vérité ; mais comme, d'autre part, il ne saurait y avoir de morale là où elle n'existe pas, la conclusion est que morale et vérité sont deux notions inconciliables.

La connaissance précise et certaine de ce que telle ou telle décision entraînera comme conséquences ne possède pas ce caractère de détermination, car la liberté du choix se trouve ainsi reportée sur l'examen des conséquences, avec toute l'incertitude inhérente à cette liberté. C'est bien d'une vérité qu'a procédé cette connaissance préalable des conséquences : mais, dans leur examen, notre seul guide possible est le *désir* de voir se réaliser ce que nous jugeons devoir être le meilleur — désir d'où résulte la préférence accordée à la décision corrélative — sans qu'aucune raison extérieure à nous-même, c'est-à-dire possédant le caractère d'une vérité scientifique, intervienne en cela. « Nous n'agissons « jamais que pour obéir à un désir de notre con- « science ; quand ce désir a la forme d'un besoin, « nous n'hésitons jamais à le satisfaire ; nous man- « geons quand nous avons faim pour ne pas mourir, « *mais il n'y a aucune raison scientifique pour que* « *l'homme vive.* » (*Science et Conscience*, p. 288.) La dernière phrase n'est pas soulignée dans le texte.

*
* *

Il y a, dans cette formule, une vérité essentielle que nous allons retenir : c'est que l'agent de nos décisions n'est pas l'intellect, mais « un désir », une préférence de notre conscience. Nous reviendrons plus loin sur la ou les natures de ces préférences et nous verrons qu'il y a lieu de les classer en deux catégories suivant qu'elles émanent de la conscience actuellement agissante ou du résultat de ses activités antérieures (conscience élémentale) : l'antagonisme de ces deux natures créant le conflit moral. Mais, avant d'aller plus loin, il y a lieu de préciser, pour n'avoir plus à y revenir, la mesure suivant laquelle, tout en demeurant essentiellement distincts dans leurs attributions respectives, l'intellect et la con-science morale réagissent l'un sur l'autre.

Il est assez évident que, vis-à-vis de la conscience morale, le rôle de l'intellect se borne à la servir, en lui dévoilant les possibilités offertes à ses libres préférences. Par les relations de cause à effet dont l'établissement constitue sa fonction principale, il lui fera connaître que telle décision entraînera telle conséquence mais là s'arrête son pouvoir, car si cette connaissance peut *éclairer* un choix, elle ne saurait en aucun cas le *déterminer*. La différence est essentielle, et c'est en la méconnaissant que l'on arrive à confondre, pour le plus grand dommage de la morale, celle-ci avec la simple raison. Le mobile exclusif de toute détermination est une préférence : or, le propre du mental est d'être *sans aucune préférence*. Entre ce mobile absolument *personnel* et la raison pure, non moins absolument *impersonnelle*, il ne saurait exister de commune mesure, qui permette à celle-ci de peser celui-là. C'est pourquoi sont irréductibles l'une à l'autre la conscience intellectuelle, ou intelligence, dont le seul guide est la raison, et la conscience morale, qui tient tout entière *dans un ensemble de préférences*.

Lors donc que, dans les directions morales issues de la conscience, le mental s'imagine trouver le résultat de ses activités propres, il n'est que la dupe de cette illusion qui le porte à se considérer comme étant le seul et souverain arbitre des décisions de l'être. Comme un miroir réfléchit l'image d'un objet extérieur, le mental réfléchit le contenu de la conscience morale : contenu qui n'est pas plus le sien que l'image n'est l'objet ; mais tenant cette image pour créée spontanément par lui, il lui arrive alors de se demander le pourquoi et le comment de cette création, et de cette curiosité intellectuelle résulte un ensemble plus ou moins cohérent de justifications *a posteriori* qui s'efforcent d'être des raisons *a priori.* Ainsi s'établissent les systèmes de morale.

Mais ces théories sont à la morale effective, vivante, ce que l'apologétique est à la foi. Hors de certaines réalités intérieures, les arguments par lesquels on s'efforce d'en établir la preuve font assez l'effet des béquilles dont un ami trop charitable aurait cru devoir doter, pour le soutenir, un vigoureux marcheur : le résultat le plus clair est de le faire paraître boiteux. Il est cependant vrai, et c'est là leur seul intérêt pratique, que ces arguments peuvent éveiller, dans le mental de ceux chez qui cette réalité est déjà vivante, un écho par lequel ils en deviennent intellectuellement plus conscients ; corroborée par le témoignage d'autrui, leur intuition prend corps pour ainsi dire, et semble être devenue plus certaine.

Mais le malheur est, tout d'abord, que cette action se limite aux convaincus par avance ; auprès de ceux qu'il *faudrait* convaincre, l'argument intellectuel, dépouillé de l'auréole dont le nimbait l'intuition et réduit à sa stricte valeur logique, reste sans effet. Et il y a pis : sa faiblesse apparaît clairement à l'intellectuel pur que l'intuition ne prévient pas en sa faveur, et il trouvera en cette faiblesse la condamnation d'une réalité qui lui échappe. Ainsi, l'arme forgée pour la défense d'une juste cause se tourne contre elle. C'est ce que l'his-

toire ne cesse de démontrer : il n'est pas de vérité
morale ou spirituelle, si forte et si haute fût-elle,
que ne puisse compromettre, au moins momentanément, la pauvreté des arguments édifiés pour sa
défense, car c'est en eux que la critique trouve son
point d'appui.

٭
٭ ٭

On peut faire à cela l'objection suivante : Pourquoi considérer cette faiblesse comme nécessairement inhérente à tout système de morale ? Admet-
tons que le mental ne fasse effectivement que
refléter le contenu de la conscience ; autrement dit,
que traduire en formules ce qui, pour la conscience
morale, est l'objet de préférences bien déterminées.
De deux choses l'une — et la question morale tient
tout entière dans ce dilemme : — ou ces préférences
sont justifiées, ou elles ne le sont pas. L'amoraliste
s'arrête à la dernière hypothèse et l'on comprend
très bien que, pour lui, la morale n'ait rien à voir
avec la raison. Mais si, comme c'est le cas, vous
admettez que, derrière chaque préférence morale,
il y ait une vérité qui la guide, pourquoi, fidèlement interprétée par le mental, cesserait-elle
d'être vérité, partant défendable aussi logique-

ment que n'importe quelle vérité scientifique ?

La réponse est que ces vérités-là, pour valables qu'elles soient, sont *individuelles*, et non *générales* comme c'est le cas pour toute vérité scientifique. L'erreur d'où provient la faiblesse des théories que l'on bâtit sur elles consiste à les traiter comme si elles rentraient dans cette dernière catégorie, en leur attribuant un caractère de généralité étranger, voire même opposé à leur nature. Il est facile de comprendre la raison à laquelle elles doivent d'être forcément individuelles. Le champ ouvert à la science est extérieur à l'observateur, identique aux yeux de tous et tous, en conséquence, doivent arriver finalement à le voir de même, et à formuler identiquement la connaissance qu'ils en ont acquise. Mais, pour le moraliste sincère et qui n'entend pas faire œuvre de simple compilation en se bornant à coordonner un choix d'opinions prises ailleurs, le champ d'observation est sa propre conscience, et ce champ n'est ouvert qu'à lui seul ; c'est le contenu de cette conscience que son mental va refléter plus ou moins exactement, tandis que celui du savant reflète le contenu de l'univers extérieur. D'où il s'ensuit qu'il faudrait supposer toutes les consciences humaines réduites à un contenu commun pour que, selon le vœu de M. Le Dantec, *l'accord se fît sur ces vérités humaines comme sur les vérités scientifiques.*

Il ne saurait en être ainsi et M. Le Dantec le reconnaît implicitement lorsqu'il écrit (p. 273) :

« L'intérêt philosophique du transformisme est
« qu'il nous oblige à croire à l'évolution progressive,
« non seulement de nos caractères physiques ou
« morphologiques, mais de nos caractères moraux
« eux-mêmes ».

Rien n'est plus vrai et c'est précisément de cette
évolution, variable avec l'époque, avec la nation,
avec l'individu même, que proviennent les inévi-
tables divergences où les amoralistes trouvent le
principal argument de leur thèse. Son résultat est
d'enrichir sans cesse la conscience en accumulant en
elle, sous forme de préférences pour les choix à venir, le fruit des expériences antérieurement vécues ;
voilà pourquoi les contenus ainsi réalisés diffèrent à
chaque instant d'une conscience à l'autre ; voilà
pourquoi chaque mental est dans le vrai lorsqu'il
traduit fidèlement les préférences de sa propre conscience, qui peuvent ne pas être celles d'une autre
conscience.

Si différentes que soient alors les deux interpré-
tations, et fussent-elles même contradictoires, chacune d'elles exprime cependant une vérité : l'affirmation de ce que la conscience *sait* convenir à son
état actuel et devoir favoriser son progrès ultérieur.
Car toute conscience recèle en soi la connaissance
de la loi qui régit son évolution, et la vérité, en ma-

tière de morale, est l'expression de cette loi, *unique
dans son essence et la même pour tous, sous les
formes différentes et variables à l'infini* où elle
trouve son application aux états successifs de la conscience évoluante.

VIII

Chaque forme particulière de la vérité morale nous apparaît comme étant l'expression d'un rapport entre une loi générale, absolue, invariable, et les conditions variables de l'être qui lui est soumis. Puisque ces conditions varient, au cours et du fait même de son évolution, ce rapport ne saurait être constant et il en est de même pour son expression comme vérité morale. Ainsi en tant qu'applicable aux individus — et il faut bien qu'elle le soit — la morale ne saurait tenir dans des formules universelles et définitives.

S'ensuit-il pour cela qu'il n'y ait pas de vérité morale ? Tel est l'avis de M. Le Dantec : « Chacun « de nous, quand il s'agit de questions morales, croit « être dans la vérité. Chacun de nous trouve dans « sa conscience un tribunal infaillible, de sorte que, « malgré l'existence certaine de caractères communs « à toutes les consciences humaines, la vérité hu-

« maine est personnelle, contrairement à la vérité
« scientifique qui est universelle.

« Et c'est là sûrement un abus du mot vérité. »

Pourquoi donc ? Est-ce que les conditions les plus
ordinaires de la vie physique ne nous offrent pas
maint exemple de vérités ainsi relatives aux individus : qu'il s'agisse de vérités collectives — en tant
qu'applicables à une collectivité d'êtres — ou même
individuelles ? L'instinct d'une espèce la porte à re-
chercher tel aliment ou telles conditions vitales
qu'une autre évitera : faut-il en conclure, d'après la
formule de M. Le Dantec, qu'il n'y a aucune vérité
dans ces instincts, parce qu'ils attribuent des propriétés opposées à une seule et même chose ? De
même, tel aliment, tel remède, tel genre de vie con-
viendront à un homme, non à un autre : sont-ce là
encore de simples conventions *sans valeur scientifique*, « des goûts personnels » auxquels il nous est
loisible de n'obéir que si cela nous plaît, dès que
nous en aurons compris l'origine (v. p. 289) ?

Que l'on ne croit pas voir en ces exemples des
comparaisons arbitraires : sur ce point, la vie morale ne diffère absolument en rien de la vie physique.
Comme celle-ci, elle a ses lois, ses conditions propres
qui s'expriment par des vérités du même ordre que
les précédentes, relatives aux catégories d'êtres et
aux individus même ; et plus l'humanité progresse,
plus ces vérités, collectives au début de son évolu-

tion, tendent à devenir individuelles, car le progrès conduit à la diversité croissante des êtres. Je ne sais quelle sommité médicale disait : Il n'y a pas de maladies, il n'y a que des malades. Tout ainsi peut-on dire : il n'y a pas de morale ; il n'y a que des hommes moraux.

Ainsi donc, à la question posée au début : Existet-il une vérité morale ? la réponse sera : Il existe *des* vérités morales. Mais leur nature apparaîtra plus clairement si, quittant le domaine des généralités philosophiques, nous abordons un aspect plus théosophique de la question avec l'étude de la Loi dont ces vérités ne sont que des expressions partielles, conditionnées par l'état variable des individus. Dans ce début, nous nous sommes efforcés de libérer la conscience morale des prétentions de l'intellect à la régir ; nous avons montré que l'erreur commune est de chercher la morale où elle n'est pas : dans un concept de l'intelligence, au lieu de voir en elle l'instinct profond de conservation et de progrès qui guide l'être dans son évolution. C'est cette donnée précise que nous allons maintenant examiner à la lumière de la Théosophie.

＊
＊＊

Il n'existe au monde qu'une Loi : celle d'où l'évolution procède, et dans tout l'univers il n'y a que

deux choses : l'activité créatrice, qui est le moteur
de l'évolution, et l'ensemble des choses créées, qui
sont les résultats de cette activité dans le passé.

Appliquée à l'homme, la loi d'évolution devient
la loi morale, dont les véritables sanctions résident,
soit dans le progrès, soit dans la rétrogradation de
l'être. L'activité créatrice se manifeste en lui, à travers
sa conscience, par les efforts que celle-ci le porte à
faire en vue de son propre accroissement. Elle est
guidée en cela par la souffrance, qui n'est que l'effet
de la réaction opposée par la loi à quiconque n'agit
pas selon elle ; réaction qui, de la sorte, tend auto-
matiquement à le ramener dans le droit chemin. Et
les résultats de cette activité dans le passé, c'est
l'homme à l'instant présent avec ses facultés, ses
pouvoirs, et leurs limitations.

De cette dualité : vie créatrice travaillant à édifier
l'avenir, d'une part, et, d'autre part, créature représentant l'œuvre d'un passé qui voudrait subsister
de par son automatisme propre, naît le conflit
moral.

A la première appartient le libre arbitre : à l'être
créé, source d'activités devenues automatiques ou
en voie de le devenir, s'applique le déterminisme.
Un homme est donc *libre* dans la mesure où il s'unit
à la vie créatrice ; il est déterminé dans la mesure
où il cède aux penchants de son organisme.

IX

ÉVOLUTION ET LOI MORALE

Toutes les forces de la nature concourent à accroître la somme de conscience en action dans l'univers. Ce qui grandit au cours des âges, ce qui, depuis la matière que nous considérons comme inerte jusqu'à l'être vivant, évolue à travers les transformations sans nombre par lesquelles passent les êtres et les choses, c'est la conscience, *fruit de l'union de la vie avec la matière* : et tout le travail qui s'effectue dans l'immense laboratoire de la nature tend à une adaptation toujours croissante de la matière à la vie.

Ce travail est celui de la Vie Créatrice et la Théosophie complète cette donnée en faisant connaître, sous la dénomination de « Vagues de Vie », trois phases successives de son activité qui apparaissent au fur et à mesure que, par une union toujours plus étroite avec la matière, la Vie Créatrice se spécialise davantage en des limitations croissantes. De cette notion, ce qu'il importe de retenir pour l'objet de notre étude, c'est que, dans les deux premières phases de son activité, la Vie créatrice apparaît comme globale : elle est, dans son ensemble, la Monade ; tandis que, dans la troisième, elle se manifeste et agit *par des Créateurs distincts — les Monades, nos Ames Divines* — dont chacun poursuit séparément, à travers l'enveloppe de matière à laquelle il doit son individualité, l'œuvre créatrice antérieurement commencée par les deux premières vagues.

Cette enveloppe permanente est le corps causal ; dans la première partie de cette étude, relative à la Réincarnation, nous avons vu comment, avec lui, grandit la conscience individuelle, résultat de l'activité créatrice en œuvre dans le règne humain. C'est ce résultat dont nous avons précédemment suivi la réalisation, en tant qu'effet d'une cause à laquelle il nous faut maintenant remonter, car de sa connaissance dépend la solution du problème moral ; après avoir étudié l'être en tant que *sujet* de l'évolution, il nous faut l'étudier comme *agent* de cette évolution même.

Le sens et le but de la vie humaine.

« *Le principe qui donne la vie réside en nous et*
« *hors de nous ; il est immortel et éternellement*
« *bienfaisant ; il ne s'entend pas, ne se voit pas,*
« *n'exhale pas d'odeur, mais il est perçu par*
« *l'homme qui désire la perception.* »

(Idylle du Lotus blanc.)

De cette perception, obscurément latente au fonds
de lui-même, l'homme s'est de tous temps efforcé
de pénétrer la nature. Il a cherché le « principe de
vie » dans les manifestations extérieures de ce qui
n'est pas ce principe même, mais seulement *ses*
créations : par elles, il a voulu le saisir et prétendu
le comprendre : mais en vain. Car il n'est ni la
perception des sens, ni l'intelligence, ni la conscience spirituelle — l'esprit — ni aucune autre
forme de conscience, si sublime fût-elle. Il n'est pas
conscience, mais *l'artisan suprême de toute conscience ;* non la chose créée, mais l'agent créateur :
tel est son unique attribut. L'âme, au sens le plus
élevé d'émanation divine, est essentiellement l'étincelle de feu créateur enfoui dans l'humanité pour

8

accomplir, par et à travers les hommes, l'œuvre du
Premier Logos, du « Grand Architecte de l'Univers ».

« *Aide la nature et travaille avec elle ; la nature*
« *te regardera comme un de ses créateurs et fera*
« *sa soumission* », nous dit *La Voix du Silence*. Or,
tout l'effort de l'humanité — agissant en tant qu'humanité — est dans l'obéissance inconsciente à ce
précepte. Inconsciente, parce que l'impulsion toute-
maîtresse qui, depuis ses origines et siècles après
siècles, a poussé l'humanité vers l'accomplissement
de ses destinées supérieures, n'émane pas de son
intelligence, mais du Pouvoir Créateur latent en elle
et pour le service duquel l'homme a été créé ; pouvoir qui le pousse, par la voix de la conscience, à
agir suivant les trois composantes de son activité :
le Bien, le Beau, le Vrai.

Sa manifestation la plus haute est dans le génie :
génie du saint, génie de l'artiste, génie du savant ou
du philosophe. Mais, de l'homme le plus hautement
cultivé jusqu'au plus humble de ses frères, il n'est
pas une seule tendance vers le *mieux*, une seule aspiration vers un idéal de perfection, si restreint fût-
il, qui n'ait sa source en ce pouvoir ; pas un effort
vers leur réalisation qui ne puise en lui sa force ;
pas un progrès de la conscience humaine qui
ne soit son œuvre. Et l'homme n'est vraiment
homme que dans la stricte mesure où il prend en

main, pour les faire servir à cette œuvre, les forces
que la vie a mises en lui — au lieu de demeurer
sous leur dépendance. Car tel est son rôle dans le
monde, tel est le sens de sa vie, le but suprême
placé devant elle : être un agent de l'évolution créatrice,
le collaborateur de plus en plus conscient de l'œuvre
divine. C'est cette tâche que sa conscience le presse
d'accomplir, lorsque par le désir de progrès intérieur qu'elle sollicite en lui, elle le porte à faire, vis-
à-vis de sa propre nature, œuvre de créateur. De
la sorte, la conscience reflète la Loi d'évolution qui,
par elle, se manifeste à l'homme comme loi de progrès moral. En cela réside l'aspect actif, positif de la
loi morale : celui qui porte à *agir* selon la Loi, non
pas seulement à *s'abstenir* d'agir contre elle. Cette
dernière leçon est celle de la souffrance : mais la
première émane de la Vie Créatrice, qui veut voir
s'accomplir son œuvre.

Sous l'un et l'autre de ces deux aspects — action
ou abstention — c'est toujours la Loi Maîtresse, la
Loi de l'Évolution, que l'homme perçoit en lui comme
Loi Morale. Telle est donc la nature précise de cette
Loi. Ce n'est pas un concept de l'intelligence humaine ; ce n'est pas un ensemble de conventions
dues aux nécessités de la vie sociale, plus ou moins
adéquates à ces nécessités, mais dont l'homme
puisse impunément se libérer, s'il juge bon de le
faire. C'est l'application au cas particulier de l'huma-

nité de la Loi la plus universelle qui existe, Loi dont
toutes les autres lois naturelles — à quelque domaine
de la science qu'elles se rattachent — ne sont que
des corollaires : *la Loi d'Evolution qui régit tous
les êtres, toutes les choses, tout ce qui est et tout ce
qui sera.*

LA MISSION CRÉATRICE DE L'HUMANITÉ

PREMIÈRE PARTIE

Au début de *la Généalogie de l'Homme*, Mme Besant, parlant des grandes Hiérarchies, spécifie qu'il s'agit d'Hiérarchies *Créatrices* et dit que la quatrième est la nôtre, « la Hiérarchie des Monades humaines qui n'ont pas encore quitté le sein de leur Père Céleste »... « Le premier des Ordres Rupas, dont les éléments sont appelés Jivas impérissables, est le quatrième des sept ordres *créateurs* encore en action sur les douze qui nous concernent. »

La mission créatrice de l'humanité ressort explicitement encore des lignes suivantes, extraites de *l'Etude sur la Conscience* du même auteur, p. 52 de l'édition anglaise, 53 de la traduction française :

« Un certain nombre de Monades, désireuses de vivre au milieu des difficultés de l'univers quintuple,

8*

afin d'asservir la matière et d'y créer à leur tour un univers, y pénètrent pour devenir un Dieu en action, un Arbre de Vie, une autre Source d'Être ».

« Celles qui ne désirent pas acquérir la maîtrise sur la matière et *devenir des créateurs* demeurent dans leur félicité statique, en dehors de l'univers quintuple, inconscientes de ses activités. »

.•.

De ces données se déduisent immédiatement les conséquences suivantes :

Le Principe le plus élevé de notre individualité — le seul qui soit immortel en nous, notre Ame Divine — est une Puissance Créatrice.

Le Soi Divin, en qui cette puissance est individualisée pendant la durée d'un univers, est un Créateur. Il est Créateur par origine et par destination ;

Par origine, comme appartenant au 4ᵉ des grands Ordres Créateurs qui constituent la collectivité des Agents par l'intermédiaire desquels la Volonté Divine se réalise en Création.

Par destination, car la seule raison de sa descente dans la matière et de son passage successif à travers les états et les formes de la manifestation, est d'acquérir la connaissance qui, soumettant à sa maîtrise les forces naturelles, fera de lui un Collaborateur à l'OEuvre Créatrice.

Tel est le but final de notre évolution individuelle, et le règne humain constitue le point tournant, où commence la transformation qui, de la créature — sujet passif de l'évolution — fera un Créateur — agent conscient de cette évolution.

L'Ame immortelle et le Soi Divin.

Dans le monde, il n'est que deux choses — deux seulement — ce qui crée et ce qui est créé.

Soumis aux limitations de l'Espace et du Temps, tout ce qui est créé a un commencement et une fin ; toute *forme*, si subtile soit-elle, est vouée à la destruction, et tout être, en tant que résultat de l'union de la Vie avec la Forme, périt avec la forme qui lui donne l'individualité.

Notre personnalité disparaît sans retour à la fin du cycle qui, dans les trois états successifs d'existence, physique, astrale et mentale — correspondant à la Terre, au Kama-Loka et au Dévakhan — constitue le cadre de chaque manifestation de l'Ego Causal sur les plans inférieurs de l'univers.

Soustrait à la destruction de ces trois formes — destruction qui, pour lui, n'est qu'un renouvellement périodique des instruments de son apprentissage — l'Égo Causal ou Réincarnateur n'en est pas moins soumis à la loi de durée, par le Corps qui fait de lui un Être manifesté sur le plan d'existence qui lui est propre. Il naît, croît et meurt. Le cycle de sa vie se déroule à travers la succession de ses incarnations multiples ; il prend fin avec la nécessité qui amenait l'Égo à la réincarnation, c'est-à-dire lorsque le Soi Divin n'a plus rien à apprendre de la vie humaine.

Seul est immortel ce qui est incréé, et seul est incréé ce qui crée, car la Cause ne saurait être en même temps Effet.

Cela, c'est l'Ame Divine, dont la puissance créatrice est l'unique attribut, le seul qui, par sa nature même étant *Cause*, ne procède d'aucune cause, ne dépende d'aucun effet, ne soit ni fini, ni conditionné, *ni perfectible*, mais demeure éternel, inchangé, en dehors des limites de l'Espace et du Temps.

C'est Atma, le Souffle ou l'Étincelle de Vie, et quand Atma manifeste Buddhi, qui est Connaissance — *la connaissance du Plan Divin de la Création* — et Manas, qui est Activité Créatrice, l'agent de réalisation de ce plan, alors apparaît le Soi Divin, la Triade Spirituelle, le Créateur en potentialité dont l'union transitoire avec tous les états d'exis-

cence développera le pouvoir d'action sur la matière.

.·.

Telle est la clef de notre existence, l'unique raison
pour laquelle nous sommes au monde, pour laquelle
nous vivons, souffrons et travaillons sans relâche,
et cela, jusqu'au jour « Sois avec nous ». Ce n'est
pas une Chute qui a conduit notre Ame Divine à
s'immerger dans la matière et à subir les restrictions
que son inertie lui oppose, c'est une Mission : *la
Mission Sacrée d'être le Serviteur du Tout-Puis-
sant, chargé par lui de cultiver une partie de son
champ.* Notre vie est le jeu de l'activité créatrice,
luttant contre l'inertie de la matière pour adapter
celle-ci aux fins de la Création ; nos souffrances sont
celles de l'enfantement qui amène la Forme à la vie ;
et la force qui nous pousse irrésistiblement au travail a sa source en Atma, la Puissance Créatrice.

.·.

Indépendamment de toute révélation extérieure,
chaque âme humaine recèle en soi le gage de cette
mission. Il n'est pas d'aspiration, si faible fût-elle,
vers quelque idéal de Beau, de Bien et de Vrai, qui

ne l'atteste ; pas un effort vers un devenir plus noble
qui n'en émane ; pas une œuvre, digne de ce nom,
qui ne l'exprime ; pas un progrès qui n'en soit le
résultat. En cela, et en cela seulement, réside la
différence entre l'animalité et l'humanité. L'animal
vit l'existence qui lui est faite par la nature ; nulle
force n'agit en lui pour devancer le lent travail d'une
évolution qu'il subit sans y contribuer. Le flot de
cette évolution l'entraîne ; il le descend en constant
équilibre avec les forces extérieures qui en déterminent le cours, ne provoquant ainsi aucune réaction.
Mais la force intérieure qui agit en l'homme travaille sans cesse à rompre cet équilibre pour devancer le cours, pour l'activer même : d'où les réactions
qui se traduisent pour lui en fatigue et en souffrance.
Cependant, tel est son rôle, le rôle qu'il ne saurait
décliner sans cesser d'être un homme pour ne plus
être qu'un animal. Il lui faut apprendre et, tant qu'il
n'a pas appris, il commet nombre d'erreurs, accumule faute sur faute, attirant sur sa tête les sévices
de l'inflexible Loi que son ignorance le porte à vio-
ler sans cesse. Tel est le prix de son apprentissage,
la rançon dont il lui faut payer, non l'acquisition de
la béatitude au sein d'un Paradis ou d'un Nirvâna,
sièges d'une félicité statique, mais le privilège bien
autrement glorieux de prendre rang parmi les Hiérarchies des Constructeurs, pour servir la Volonté
Divine en collaborant à son œuvre.

*
* *

De cette tâche, les forces anticréatrices ou de contre-évolution — celles que nos Instructeurs appellent Forces Noires — s'efforcent constamment de détourner l'humanité. L'une et l'autre des deux voies qui le mènent à son but — la voie occulte et la voie mystique — est semée de leurs pièges qui sont, pour l'occultiste, l'orgueil ; pour le mystique, la faiblesse.

Elles tentent l'occultiste par l'orgueil, en faisant briller devant ses yeux l'idéal décevant du progrès *pour soi*, du développement de la stature personnelle ; en nourrissant en lui le désir de s'élever pour dominer ses semblables ; en détournant son attention de l'âme immortelle pour la fixer sur le moi toujours périssable, à quelque degré d'exaltation que ce moi soit parvenu, Et c'est là une épreuve qui se présente et se reproduit, sous des formes toujours plus subtiles à chaque étape du sentier, depuis le premier pas jusqu'au plus haut sommet de son ascension ; la tentation que Satan fit subir au Christ sur la montagne.

« La Lumière sur le Sentier » multiplie les avertissements à ce sujet :

« Crois comme croît la fleur, inconsciente, mais

ardemment désireuse d'ouvrir son âme à l'atmos-
phère. C'est ainsi que tu dois hâter l'éclosion de
ton âme à l'Éternel. Mais il faut que ce soit l'Éternel
qui sollicite l'épanouissement de ta force et de ta beauté
et non le désir de croître, car dans le premier cas,
tu te développes dans toute la splendeur de ta pu-
reté ; dans l'autre, tu ne fais que t'endurcir par l'inévitable passion de ta stature personnelle ».

. . . .

« Est-ce bien la Voie que tu désires ?... ou y au-
rait-il dans ta vision une vague perspective de
grandes hauteurs à escalader ?... Prends garde. La
Voie doit être cherchée par elle-même et non par
égard à tes pieds qui la fouleront. »

Pour le mystique, c'est au contraire dans son
humilité que ces forces trouvent la base de leur
action antagoniste de la vie. Elles agissent pour
transformer en désertion le renoncement qui lui est
naturel et qui est sa force ; de cette force, elles font
une faiblesse. Intensifiant en lui la crainte et l'horreur de la vie, elles en pervertissent le sens et la
raison d'être. Elles la lui font apparaître comme un
esclavage auquel l'enchaînent uniquement ses désirs,
et dont il importe avant tout de se libérer ; ou pis
encore, comme un abîme de perdition où son indi-
gnité a précipité l'âme pour y être la proie des tentations qui la conduiront, si elle y succombe, à la
damnation éternelle. Puis, à l'idée terrifiante de

cette menace toujours suspendue sur la tête du pécheur, elles opposent le mirage du port éternellement paisible où l'âme, qui a réussi à échapper aux vagues déchaînées de la tempête humaine, trouvera le repos au sein de la béatitude céleste. Ainsi, par l'attrait d'une félicité personnelle qui la libère de toute tâche, elles détournent l'âme de sa mission divine.

Dans l'un et l'autre cas, et bien que la forme de séduction diffère, le piège est le même : il porte la marque distinctive de l'Esprit de séparativité et de mort. C'est l'appât offert à l'égoïsme individuel sous forme, soit d'exaltation surhumaine, soit de libération définitive et d'éternel repos. Contre la première tentation, « la Lumière sur le Sentier » met l'occultiste en garde ; « La Voix du Silence » prévient le mystique contre la seconde :

« Lorsque effrayée à la vue des chaudes larmes de la douleur, assourdie par les cris de détresse, ton âme se retire comme la timide tortue dans la carapace de l'Egoïsme, sache-le, Disciple, ton âme est un Tabernacle indigne de son Dieu silencieux.

« Si l'on t'enseigne que le péché naît de l'action et le bonheur de l'inaction absolue, dis-leur qu'ils se trompent. La non-continuation de l'action humaine, la délivrance du mental de son esclavage par la cessation du péché et des fautes ne sont pas pour les Egos-Dévas.

9

« Suis la roue de la vie ; suis la roue du devoir
envers race et famille, ami et ennemi, et ferme ton
esprit aux plaisirs comme à la peine. »

.·.

Mais « l'artiste sincère, qui travaille pour l'amour
de son art, est quelquefois plus franchement engagé
dans le droit chemin que l'occultiste qui s'imagine
n'avoir plus d'attachement pour soi, mais qui, en
réalité, n'a fait que reculer les limites de l'expérience et du désir et reporter son intérêt sur les
objets que lui offre l'horizon élargi de sa vie ».
Hors des aberrations du faux occultiste qu'égare
le désir immodéré de sa croissance personnelle et
du faux mystique, perdu dans le rêve de son idéal
léthargique, l'Humanité tout entière, l'Entité collective Homme, obéit à l'instinct obscur et tout-puis-
sant qui lui montre la voie. Sa mission la domine et
elle la connaît, sinon par l'intelligence, du moins
par la force qui est en elle. Derrière la lettre contradictoire de ses religions et de ses philosophies
toujours changeantes, sa révélation s'affirme par
l'esprit qui s'efforce de se faire jour à travers les
incohérences de l'interprétation mentale. Elle s'affirme par les œuvres de ses producteurs, savants et
artistes, uniquement désireux de donner forme à la

Vie Créatrice qui palpite en leur sein — quoi qu'il en puisse résulter pour eux-mêmes. Chaque génie qui, devançant son époque, met toute son âme à faire vibrer une note nouvelle de vie parmi le silence, l'ironie ou l'insulte, est un de ses pionniers. Chaque œuvre représente le tâtonnement de la force créa· trice *en voie d'apprentissage dans l'humanité* et qui s'exerce — s'exerce seulement — dans le domaine restreint ouvert à son activité, développant ainsi peu à peu les pouvoirs destinés à trouver un jour leur emploi dans la sphère infiniment vaste des créations futures. Ce ne sont pas encore des créations réelles, mais des *copies*, où l'artiste s'efforce d'extérioriser, en leur donnant forme, les états d'âme provoqués en lui par la perception d'un peu de la Grande Harmonie, des échos, en quelque sorte matérialisés, de cette harmonie.

C'est ainsi que l'Humanité apprend au cours des siècles ce qui sera plus tard son véritable métier, celui de Créateur. Et il y a cela de remarquable que si dur que soit le traitement infligé tout d'abord aux novateurs par l'inertie des masses, si pénibles que soient les épreuves qu'il leur faut subir pour vaincre cette inertie, ce n'en est pas moins eux que l'Humanité reconnaît finalement pour ses maîtres, confessant ainsi, par le témoignage de gratitude et d'admiration qu'elle voue à leur mémoire, l'instinct profond de la mission qui est sienne.

Mais lorsque cet instinct sera devenu Connaissance, lorsque l'Humanité aura pleinement pris conscience de son véritable rôle et de ses destinées, alors de profonds changements modifieront son attitude à l'égard de la vie et des événements. Le point de vue doit être abandonné, qui fait du bonheur et du malheur individuel les deux pôles opposés de l'existence humaine. Ce qui importe seul, c'est que la Tâche soit accomplie : c'est que le Devoir que nous a tracé la Volonté Divine soit rempli. Tout le reste n'est qu'épisode et phénomène passager. Bonheur et malheur, plaisir et peine ne sont que les réactions subies par la Forme à laquelle le Soi vivant se trouve transitoirement associé, les chocs subis par l'instrument du Divin Ouvrier. Actuellement, pour l'homme, mû par le désir, le bonheur semble être le but de ses activités. Mais le « moi » qui désire sera inévitablement frustré du fruit de ses ambitions, car il doit disparaître. Seul est immortel le « Principe qui donne la vie » et l'âme humaine ne peut participer à l'immortalité qu'en se fondant en lui.

DEUXIÈME PARTIE

Le champ de travail ouvert à l'activité créatrice de l'homme comprend tout d'abord lui-même, c'est-à-dire sa triple nature inférieure — mentale, émotionnelle et physique — en second lieu, le monde extérieur à l'évolution duquel il lui faudra participer un jour. Nous étudierons aujourd'hui la première de ces deux questions.

L'être humain.

Au début du précédent article, nous avons dit que, dans le monde, il n'était que deux choses : ce qui crée et ce qui est créé. Cette formule s'applique au microcosme aussi bien qu'au macrocosme et c'est ainsi qu'en dernière analyse l'être humain se réduit à la dualité Créateur-Créature.

Le Créateur. — La grande vague souterraine de Vie a, dans chaque homme, son point d'émer-

gence, source prête à jaillir pour féconder le sol.
C'est son Ame divine, Principe créateur inséparable de l'Ame universelle — l'Alaya(1) — dont toute
vie procède, mais individualisé en tant que manifestation dans et par un être séparé. La nappe règne
partout, l'eau est *une*, mais chaque source, en tant
que source, est distincte et constitue un Soi, le Soi
éternel, non conditionné, partant non perfectible,
sans commencement, sans croissance et sans fin.

Lorsque, sur les trois plans supérieurs de la manifestation, ce Principe se réfléchit comme Pouvoir,
Connaissance et Activité, alors apparaît l'Ego divin,
la Triade spirituelle. Cette Triade, plus l'Unité fondamentale dont elle émane, constitue la Tétractys des
Pythagoriciens.

La Créature. — Hormis cette Cause, une dans son
essence, tout dans l'être humain est effet, et tout
effet est automatisme. *Le Créateur est vie, la Créature est automatisme.*

Cette formule demande quelques éclaircisse-
ments.

Loi de l'automatisme. — Tout ce que la Vie
créatrice a définitivement organisé possède et garde
en soi le principe actif de sa propre existence. Ses
œuvres sont toutes dynamiques, aucune n'est sta-

(1) « Hélas ! hélas ! Dire que tous les hommes pos-
sèdent Alaya, sont uus avec la Grande Ame et que, la
possédant, Alaya leur sert si peu ! » (*Voix du Silence.*)

tique. Elle ne crée pas de la matière, mais des états
de mouvement qui, une fois dûment établis par son
impulsion suivant le rythme propre à chaque espèce,
persistent d'eux-mêmes comme persiste le mouvement d'un pendule, aussi longtemps que d'autres
impulsions n'interviendront pas pour modifier leur
trajectoire.

Il n'existe donc rien qui soit inerte : tout est
vivant, mais d'une *vie-effet* (ou élémentale) qu'il
importe de distinguer nettement de la *vie-cause* (ou
créatrice). La différence est que cette dernière est
principe de changement, tandis que l'autre est *principe de conservation* ou, plus exactement, *principe
de répétition*, autrement dit : *automatisme*.

Telle est la loi fondamentale qui, du grand au petit,
de l'univers à l'homme, de l'ensemble au détail,
régit la manifestation tout entière. Au fur et à mesure que la vague de vie s'élève degré par degré
dans l'ordre évolutif, le même processus se répète,
toujours identique : à chaque degré franchi, un automatisme demeure, qui est le rythme imprimé par la Vie
à la matière. Les Rondes amènent l'un après l'autre
chaque règne à l'existence : la Vie cause n'anime
jamais qu'un règne à la fois, le dernier en date, celui
qui est en cours d'organisation ; dans tous les autres,
précédemment organisés, subsiste seulement la Vie-
effet, que l'on appelle aussi, en langage théosophique, la *Vie élémentale*.

Il en est de même pour la personnalité humaine. L'action de la Vie créatrice en organise l'une après l'autre toutes les parties ; ce que nous appelons *conscience* existe là où cette action se trouve *actuellement* localisée : c'est le champ ouvert au rayonnement du Centre vital et, au fur et à mesure que ce Centre s'élève, la conscience monte avec lui, laissant plus bas un automatisme acquis. Il fut un temps, ainsi qu'on nous l'enseigne, où l'action créatrice s'exerçait dans ce qui est maintenant le grand sympathique. Toutes les fonctions vitales qui en dépendent étaient alors sous l'empire de cette action et, partant, sous le contrôle de la conscience, uniquement occupée à en régler l'exercice. Peu à peu, de l'attention fixée sur cet objet naquit un automatisme qui, aujourd'hui, est définitivement acquis, en même temps que la Vie créatrice s'élevait d'un degré, libérant la conscience de sa tâche achevée dans cette région de l'être, pour atteindre le système cérébro-spinal, champ actuel de son activité dans le corps physique.

Enfin — et ceci est particulièrement intéressant parce que la vérification en est à notre portée immédiate — le même processus, qui part de la volonté consciente pour aboutir à un automatisme subconscient, se répète en nous chaque fois que nous faisons effort pour acquérir ou développer une faculté nouvelle, à quelque ordre d'activité — artistique, intellectuelle ou physique que celle-ci se rattache.

L'attention, orientée par la conscience qui *veut* réaliser son objet, sert de canal à la Vie créatrice, agissant par rapport à son rayonnement vital comme une lentille qui concentre sur un point déterminé les rayons épars d'une source lumineuse. Un automatisme adéquat prend naissance, se développe par la répétition du même effort et, au fur et à mesure qu'il s'imprime, son action grandissante se substitue progressivement à celle de la conscience, libérant l'attention dont le rôle se bornera, aussitôt l'automatisme acquis, à en diriger et à en contrôler l'exercice.

C'est ainsi que la virtuosité du musicien, de même que l'habileté du sportsman, se développe par l'exercice, et que, par la répétition d'une même tâche, le mental acquiert la faculté de l'accomplir au prix d'un minimum d'effort conscient.

La marche, le langage, la lecture, l'écriture, etc... tous nos moyens d'expression et d'action sont régis par des automatismes sans lesquels notre attention consciente serait perpétuellement débordée de toutes parts. Leur acquisition constitue le but de toute éducation ; c'est ce qu'exprime cette formule du docteur Gustave le Bon, laquelle résume entièrement le processus qui vient d'être décrit :

L'éducation est l'art de faire passer le conscient dans l'in-
                                                    [conscient.

9*

Si donc nous considérons la *créature* humaine telle que la Vie créatrice l'a édifiée au cours des Rondes, des Globes, des Races et des incarnations successives, nous voyons qu'elle se réduit à un ensemble, extrêmement complexe à la vérité, d'automatismes divers; et seulement à cela. Mais ces automatismes évoluent, et cela prouve qu'à eux seuls ils ne constituent pas *l'être* humain tout entier.

En effet, qui dit évolution dit changement; or, un automatisme ne saurait provoquer en lui-même aucun changement, puisque l'essence de son être est la répétition toujours identique d'un rythme invariable. Et non seulement il ne le peut, mais encore il réagit spontanément contre toute modification, par la force vive inhérente à son état de mouvement. On pourrait objecter que, si la cause du changement n'est pas dans l'automatisme, elle peut être trouvée dans l'influence des actions extérieures. Que cette influence agisse effectivement, cela n'est pas douteux. Mais une distinction s'impose entre les changements qui peuvent en résulter et ceux que provoque l'évolution, c'est-à-dire le jeu de la Vie créatrice. L'influence des actions extérieures agit sur les automatismes pour les adapter aux conditions du milieu : or, *adaptations n'est pas évolution*, encore que l'on ait abusivement identifié ces deux termes. On en trouve la preuve dans le fait que l'animal, à l'état

sauvage, est incomparablement mieux adapté que
l'homme à ces conditions ; on ne saurait cependant
prétendre qu'il représente un degré d'évolution supérieur à celui de l'humanité. La vérité est que, s'il
en est ainsi, c'est précisément parce que, chez l'animal, l'influence extérieure est seule à agir, tandis
que chez l'homme, une autre force intervient, qui
contrarie la première.

L'adaptation n'est d'ailleurs qu'une opportunité,
nullement un progrès, et l'on peut même considérer
que, d'un certain point de vue, elle procède d'une
action de sens contraire à celui de la force évolutive.
Cette action est, en effet, celle du milieu sur l'individu
qu'elle tend à plier aux conditions de ce milieu : elle
est, par rapport à l'individu, *centripète*. La vie évolutive, au contraire, a son centre dans l'homme et
agit pour le rendre capable de dominer le milieu ;
son action s'exerce de dedans en dehors ; elle est
centrifuge.

Il ne s'ensuit pas qu'il y ait nécessairement antagonisme entre les deux actions, encore que cet antagonisme existe au stade évolutif actuel. Mais ce
n'est là que le résultat malheureux des erreurs commises par l'apprenti-créateur, dont la maladresse a
détérioré les outils de travail. Une compréhension
meilleure de la tâche à remplir lui montrera qu'elle
ne consiste pas à violenter la nature, mais à la seconder suivant ses lois (*Aide la nature et travaille*

avec elle, nous dit la *Voix du Silence*), d'où la nécessité de l'adaptation préalable.

Le travail intérieur de l'Activité créatrice.

Nous voici maintenant en mesure d'acquérir une
idée générale du mécanisme suivant lequel la Vie
Créatrice entre en œuvre, lorsque la conscience
humaine ouvre la voie à son rayonnement intérieur. Rappelons-nous que cette Vie est essentiellement principe de changement, dans le sens du
progrès évolutif ; elle agit tout d'abord sur la conscience en y faisant naître ce besoin instinctif de progrès qui est la caractéristique exclusive de l'humanité, car l'animal, à l'état de nature, ne l'éprouve
à aucun degré.

L'homme chez qui ce besoin a cessé de se faire
sentir se trouve réduit au rôle de simple créature,
c'est-à-dire qu'il n'agit que par ses automatismes.
Il en est généralement ainsi à partir d'un certain âge,
quand tous les automatismes destinés à servir les
activités extérieures ont atteint leur summum d'adaptation. Dès que l'action d'un homme se limite volon-
tairement à l'exercice des pouvoirs précédemment
acquis, sans qu'il fasse aucun effort nouveau vers un
progrès quelconque, cet homme ne *vit plus : il*

fonctionne et son évolution demeure, pour un temps, suspendue.

Au stade évolutif actuel, la grande majorité des hommes se trouvent dans ce cas, passée la trentaine. Mais il cesse d'en être ainsi lorsque commence le stade qui sert de transition entre la vie tout entière consacrée aux activités extérieures et ce que les ouvrages théosophiques appellent le Sentier. Ce stade marque le point tournant du passage de l'état « créature » à l'état « créateur », caractérisé par la prédominance toujours croissante de la Vie sur l'automatisme.

Ce qui l'annonce, c'est un changement profond dans la forme sous laquelle le besoin de progrès sollicite la conscience. Pendant la période active de sa jeunesse où l'homme apporte ses efforts à édifier la personnalité d'où dépendra son avenir matériel, c'est beaucoup moins la recherche du progrès *en soi* qui le pousse au travail que celle des avantages dont ce progrès doit lui assurer plus tard la possession ; s'il travaille le sol, c'est en vue des récoltes futures. Mais dès que la conscience commence à s'ouvrir à la perception, tout instinctive d'abord, de la Vie créatrice, le progrès apparaît, non plus comme un moyen, mais comme le but même, l'unique raison d'être de toute existence. *Le sol doit être travaillé, non pour ce qu'il rapportera, mais pour lui-même.* Le progrès s'impose à la conscience comme faisant partie du

plan général de la Création ; en s'y efforçant, ce
n'est pas pour son bénéfice personnel que travaille
l'homme, mais pour accomplir la tâche qui lui est
dévolue dans l'œuvre créatrice.

Ce changement de point de vue entraîne inévitablement un changement d'objectif. La recherche
quitte le domaine extérieur pour se porter vers l'intérieur : elle ne vise plus à doter l'homme d'avantages dans la société, mais à le rendre tel qu'il
doit être dans la Nature, selon le plan divin. Entre
l'éducation et le développement intérieur, la différence est que la première tend à adapter l'homme à
la société, tandis que le second l'adapte à la Vie!
Car il n'est pas une seule tendance vers le Bien
qui ne soit l'expression de la Vie créatrice, et
l'erreur est grossière qui les place hors des lois naturelles pour ne voir en elles que des illusions senti-
mentales. Tout idéal est le reflet dans notre conscience d'une réalité qui doit venir à l'existence ; en
le suivant, nous obéissons à la Loi et tout effort pour
y conformer notre nature rentre dans le grand travail de l'Activité créatrice.

Au fur et à mesure que ce travail s'accomplit, certaines lignes d'action se précisent. Auparavant, la
force intérieure qui poussait l'homme à agir selon le
Bien était presque exclusivement instinctive : son
ignorance des lois supérieures de la Vie ne permet-
tant pas à l'homme de reconnaître l'origine et d'ana-

lyser la nature de cette force. Le bien fondé de la Morale ne s'impose pas à la raison par les arguments dont la Science moderne dispose ; cette Science, ainsi que plusieurs de ses représentants qualifiés l'ont dit, est essentiellement « amorale ». Mais la moralité est un instinct de conservation supérieure, écho, dans la conscience humaine, de la Connaissance et du Vouloir de l'Ego divin. Au stade dont il s'agit, ce n'est pas seulement un écho plus ou moins distinct, mais l'expression même de cette Connaissance et de ce Vouloir que la conscience doit enregistrer, pour devenir capable de servir l'Artisan créateur dans l'exécution matérielle de son œuvre.

Cette tâche n'est pas du ressort de l'intellect, dont les possibilités ne vont pas jusque-là ; aussi l'intelligence proprement dite doit-elle céder alors le pas, en matière de *connaissance,* à cette forme supérieure de conscience, qui est l'*Intuition,* reflet de Buddhi, son rôle propre se réduisant à formuler en concepts la représentation de Réalités intuitivement perçues.

De la sorte, la conscience humaine se modèle peu à peu sur le plan de la Triade divine, dont les trois aspects trouvent en elle leurs réflexions, et, par son canal, le Créateur s'incarne de plus en plus dans l'être humain, premier champ de travail ouvert à son activité.

Alors, au travail qui s'était jusque-là poursuivi lentement dans les profondeurs inconscientes de l'être, sous l'influence d'aspirations élevées, mais laissées à leur propre essor sans orientations nettement définies, va maintenant succéder la mise en œuvre systématique du processus créateur, qui constitue la Yôga, et dont l'expression générale peut se résumer brièvement comme suit :

Par Buddhi, la conscience perçoit ce qui *doit être*, c'est-à-dire une fraction déterminée du plan de la Création. Elle ne le *conçoit* pas intellectuellement : *elle le perçoit comme rythme.*

Par la concentration, l'attention fixée sur ce rythme sert de canal à la Vie créatrice dont l'activité, orientée par le rythme, l'épouse en quelque sorte et l'imprime dans Manas où il prend forme. La fonction correspondante naît alors de l'établissement progressif d'un automatisme approprié.

Quand l'objet qu'il s'agit de réaliser est susceptible d'être conçu directement par l'intellect, c'est alors de la représentation mentale que part le processus de vitalisation, déterminé par la concentration, et qui doit aboutir à la genèse d'un automatisme. C'est à ce cas particulier que s'applique la formule bien connue : *On devient ce à quoi l'on pense.*

TROISIÈME PARTIE

Aide la Nature et travaille avec elle.
(Voix du Silence.)

Écoute le Chant de la vie.
(Lumière sur le Sentier.)

Le Monde extérieur.

Avant que la puissance créatrice, actuellement contenue dans les limites de l'individualité, ne puisse les franchir et, irradiant au dehors, seconder l'évolution des êtres et des règnes inférieurs, il doit s'écouler bien des millénaires. C'est vraisemblablement à la 7ᵉ Race qu'est réservée l'éclosion normale de ce pouvoir, dont le plein développement ne sera obtenu qu'au cours de la 7ᵉ Ronde du manvantara planétaire.

Actuellement, le processus créateur ne s'effectue que *dans* l'homme. Ses activités extérieures — bien

que mues et guidées par l'instinct de sa mission
créatrice — ne produisent que des créations artificielles. des *représentations*, et leur travail se borne,
en définitive, à une série d'exercices au moyen
desquels l'humanité apprend à manier la forme, en
vue d'utiliser un jour aux fins de la Vie Créatrice le
savoir-faire acquis de la sorte. C'est ainsi que l'enfant apprend à connaître les caractères de l'alphabet
et à les reproduire, avant de les faire servir à l'expression de sa pensée. Les œuvres les plus géniales
ne sont, en fait, que les images, projetées exté-
rieurement, d'un travail *interne* ; elles ne constituent pas un travail de création *externe* ; ce sont
des projections d'images, non des projections de
vie.

En matière de connaissance comme en matière de
réalisation, nos facultés actuelles sont restreintes au
domaine de la Forme — c'est-à-dire s'arrêtent à
l'extérieur des choses. Elles procèdent de Manas,
qui est l'agent formatif de la création, et dont le
développement est la tâche assignée à la 5ᵉ Race-
Mère. Le domaine de la Vie nous est ouvert par
Buddhi, qui est la *perception directe* par où la Réalité se révèle à notre conscience, sans interposition
d'images mentales ; l'unique source de Connaissance
— au *vrai* sens du terme — et d'une Connaissance
qui est, en même temps, Amour. Car Amour est
union, Connaissance est union ; il n'y a de connais-

sance parfaite que là où l'union est absolue, et là où l'union est absolue, l'amour est parfait.

« Avant de pouvoir approcher de la première porte, il faut apprendre à séparer ton corps de ton mental, à dissiper l'ombre et à vivre dans l'éternel. Dans ce but, tu dois vivre et respirer en tout, comme tout ce que tu perçois respire en toi ; sentir que tu résides en toutes choses et toutes choses dans le Soi. »

(*Voix du Silence*, fragment III.)

Voici donc la différence essentielle qui sépare la science d'aujourd'hui de ce qui sera le savoir de demain — celui de la 6ᵉ Race-Mère. La première, conditionnée par Manas, proclame que le sentiment n'a rien à voir avec son objet ni avec ses méthodes. Par là, elle s'arrête à la forme et ne peut la franchir pour atteindre la vie, car elle ne possède pas le Mot — le « Sésame, ouvre-toi » — qui fera un jour tomber les barrières auxquelles elle se heurte. Ce mot est « Amour ». La nature n'est pas accessible à l'observation expérimentale, mais seulement à l'Amour. Ce n'est ni par la dissection des organismes, ni par la vivisection des êtres que l'on peut surprendre les mystères de la vie, et le pédant illustre qui déclarait n'avoir jamais trouvé l'âme sous son scalpel ne fit — toute révérence gardée à

sa mémoire — qu'enrichir d'une formidable ineptie
l'anthologie des bourdes doctorales.

Non, on n'arrive pas à la vie par un chemin semé
de cadavres : à la création, par la destruction et la
ruine. Ruine et destruction, ces deux mots résument
l'œuvre néfaste de cette ère de ténèbres : l'ère du
Kaliyuga, le Cycle Noir. Ouvrez les yeux et con-
templez cette œuvre, dont les horreurs sans nom du
cataclysme actuel ne sont que le couronnement
logique. Partout et toujours plus, nous voyons
l'homme acharné à souiller et à détruire ; partout
et toujours plus, nous le voyons se faire l'instrument de la Mort, *lui dont la mission est d'être un
messager de vie*. Ses agglomérations et ses indus-
tries corrompent l'air, infectent l'eau, pourrissent le
sol. Là-bas, dans la Floride, au Canada et ailleurs,
des hectares de forêts vierges disparaissent chaque
jour pour fournir la pâture aux éditions des grands
quotidiens ; ici les trésors accumulés dans les profondeurs du sol pour sauvegarder du froid son
existence, sont sottement gaspillés sans souci de
l'avenir pour ajouter d'autres chaînons aux servi-
tudes multiples qu'il plaît à la civilisation de déco-
rer du nom de Progrès. Partout, sur terre, dans
l'eau, dans l'air, les animaux férocement pourchas-
sés voient sa main sacrilège arracher leurs dépouilles.
Hélas ! ses crimes ont tissé un voile d'horreur autour
de l'homme et tous les animaux le fuient avec

épouvante, cet être dont l'âme, cependant, recèle
une flamme dont le rayonnement devait les attirer
pour qu'ils se réchauffent près d'elle. Car ce n'est
pas un mythe, la tradition d'Orphée ; ce n'est pas
une invention, le pouvoir du Yôgi auquel vont les
bêtes de la jungle. Là est la vérité, si obscurcie soit-
elle, et qu'un jour verra éclore, quand l'ombre de
la Rédemption se lèvera pour l'homme au ciel noir
de son criminel passé.

« Expiation », voilà le mot dont alors il lui faudra
épeler une à une les lettres, chacune proférée dans
un cri de douleur, avant qu'il n'ait reconquis sa
place au soleil d'Amour. Des outrages infligés par
lui à la nature, aucun ne restera impuni. La terre
souffre d'une tuberculose dont il est le bacille, mais
la nature le venge et son corps est la proie des
bacilles. Courage, docteurs, multipliez vos drogues
et vos sérums, vos livres et vos congrès où, en de
pompeuses harangues, s'étale le vide de vos hallu-
cinations professionnelles : les ricanements de la
Mort en scandent les périodes. Comme les têtes de
l'hydre de Lerne, le mal pullule quand vous le com-
battez. La lutte est sans issue, restera sans issue
jusqu'au jour où l'instinct vital, réagissant enfin
contre les aberrations d'une science aveugle, ira
demander à la nature le remède qu'elle seule peut
dispenser au mal dont, aujourd'hui, l'humanité se
meurt.

Ce mal a sa source dans le divorce prononcé par l'homme avec la Nature. Il a cru devoir apporter tous ses soins à se défendre contre elle et c'est contre lui-même que ses moyens de protection se sont retournés. En les exagérant toujours davantage, il a fini par atrophier en lui le pouvoir des réactions vitales qui constituaient sa sauvegarde naturelle. Il lui faudra abattre les barrières qu'il a élevées, renoncer aux conditions artificielles qui font de son existence un état d'équilibre instable, à la merci des moindres accidents, pour trouver dans l'adaptation spontanée ce que la protection lui refuse. Déjà, un premier pas est fait : quelques pionniers reconnaissent la voie que l'humanité devra suivre : la voie du retour à la Nature. Mû par l'instinct de sa conservation physique, l'homme ira vers elle tout d'abord pour lui, par égoïsme ; plus tard, ce sera pour elle, par amour. « Et l'avenir, de plus en plus, verra la réconciliation, l'hymen de l'homme et de la nature... » (JEAN LAHOR.)

Alors, petit à petit, génération après génération, s'éveillera la perception encore obscure qui, ouvrant sa conscience au Chant de la Vie, lui révélera les Harmonies de la Création. Alors, le divin Cantique pressenti par François d'Assise, l'Orphée d'un âge de ténèbres, retentira sur terre :

Loué sois-tu, Seigneur, avec tes créatures !

D'abord, et surtout, Monseigneur le Soleil, notre frère qui nous donne le jour, et tu brilles par lui.

Il est beau, rayonnant d'une extrême splendeur Ton symbole, ô Très Haut !

Loué sois-tu, Seigneur, pour la lune, notre sœur, loué pour les étoiles que tu formas au ciel, claires, précieuses et belles !

Loué sois-tu, Seigneur, pour le vent, notre frère, pour l'air et la nuée, le ciel pur, tous les temps, par qui tu donnes de subsister aux créatures.

Loué sois-tu, Seigneur, pour le feu, notre frère, par qui tu remplis l'ombre de clartés et que tu fis joyeux, beau, courageux et fort !

Loué sois-tu, Seigneur, pour l'eau, notre sœur, pour l'eau bien serviable, humble, précieuse et chaste.

Loué sois-tu, Seigneur, pour la terre, notre mère, qui nous soutient et nous nourrit, produit les fruits, met les fleurs colorées dans l'herbe.

Et l'amour ouvrira les portes de la Connaissance. Ce qui, chez l'animal, est *instinct*, renaîtra comme *savoir* dans l'homme. Le rythme de chaque élément, de chaque créature trouvera son écho dans son âme et c'est en y répondant, en s'accordant à lui pour chanter à son unisson, que grandira dans l'homme le pouvoir de coopérer avec la Nature.

Car le Chant de la Vie, c'est le Verbe Créateur, et quand il jaillira du cœur des hommes, alors s'accomplira la Mission Créatrice de l'Humanité.

TABLE DES MATIÈRES

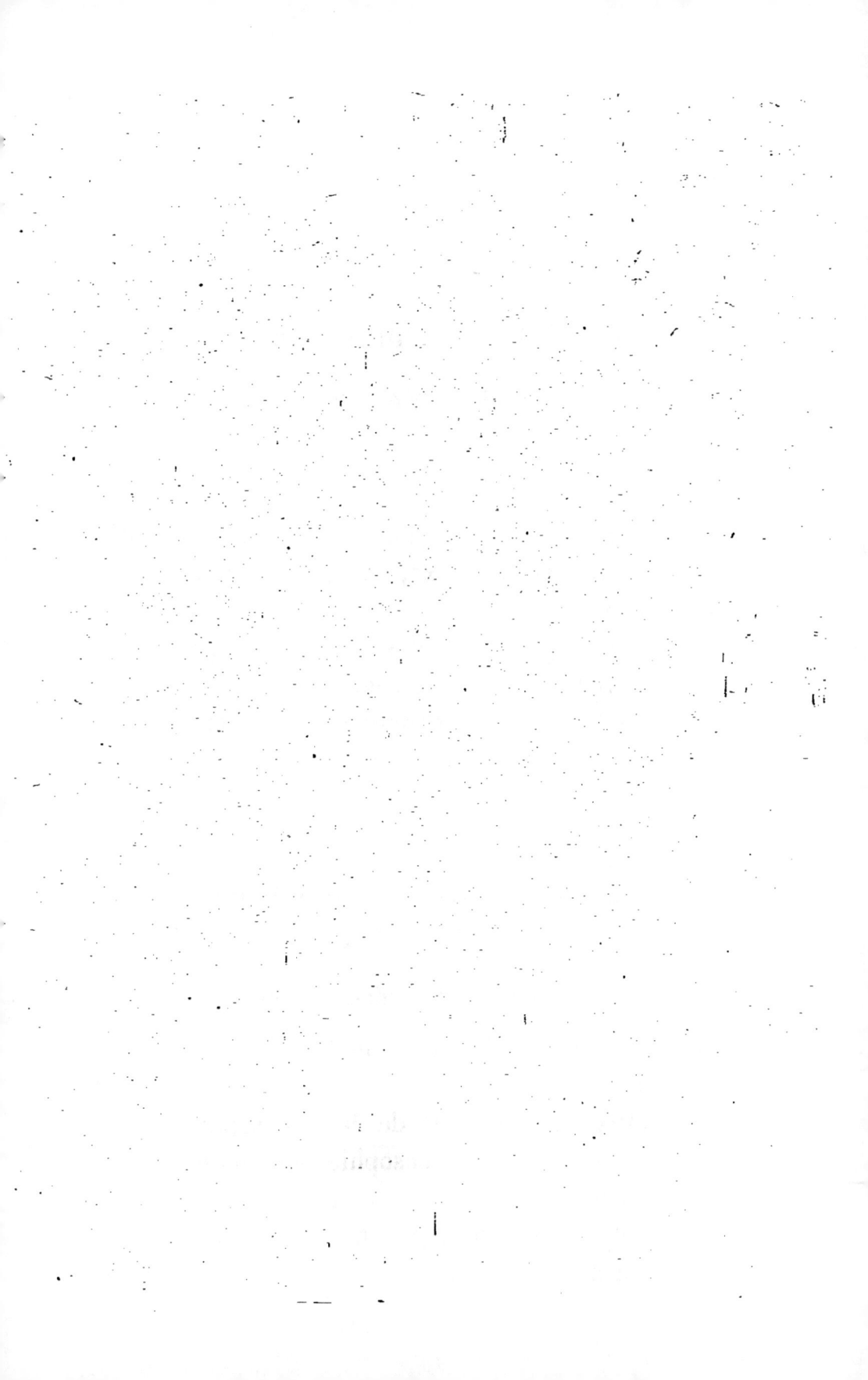

SOCIÉTÉ THÉOSOPHIQUE DE FRANCE

4, Square Rapp, Paris, VII

BUTS DE LA SOCIÉTÉ

1° Former le noyau d'une fraternité de l'humanité sans distinction de sexe, de race, de rang ou de croyance.

2° Encourager l'étude des religions comparées, de la philosophie et de la science.

3° Étudier les lois inexpliquées de la nature et les pouvoirs latents dans l'homme.

Etude graduée de l'enseignement théosophique

Ouvrages élémentaires.

ANNIE BESANT. — Introduction à la Théosophie 0 50

Dr Th. PASCAL. — A. B. C. de la Théosophie. 0 50

       — La Théosophie en quelques chapitres 0 50

Dr Th. PASCAL. — La Sagesse antique à travers les âges 2 00

C' Lemoine. — Premières notions d'occultisme.   2 00

C.-W. Leadbeater. — Précis de théosophie.   1 50

Arnould. — Les croyances fondamentales du
Bouddhisme 1 00

Aimée Blech — A ceux qui souffrent . . .   1 00

Ouvrages d'instruction générale.

H.-P. Blavatsky. — La clef de la théosophie.   3 50

J.-C. Chatterji. — La Philosophie ésotérique
de l'Inde 2 00

Annie Besant. — La Sagesse antique, 2 vol.   5 00

—   Les Lois fondamentales de la
Théosophie 1 50

A.-P. Sinnett. — Le Bouddhisme ésotérique.   3 50

Ouvrages d'instruction spéciale.

Annie Besant. — Le pouvoir de la Pensée .   2 00

—   Les Maîtres 1 00

—   Evolution de la Vie et de la
Forme 3 00

Annie Besant. — Dharma 1 00

—   Le Christianisme ésotérique.   4 00

C.-W. Leadbeater. — Le Plan Astral . .   1 50

—   Les Aides invisibles . .   2 00

—   Le Credo chrétien . . .   2 00

Dr Th. Pascal. — Essai sur l'Evolution humaine 3 50

L. Revel. — La Fraternité des religions . .   3 00

Ouvrages d'ordre éthique

Alcyone. — Aux Pieds du Maître	2 00
La Théosophie pratiquée journellement . .	0 50
Annie Besant. — Vers le Temple	2 00
— Le Sentier du disciple . .	2 00
— Les Trois Sentiers . . .	1 00
H.-P. Blavatsky. — La Voix du Silence . .	1 50
La Lumière sur le Sentier, transcrit par M. C..	1 50
La Bhagavad Gîta	3 00

Ouvrages d'actualité.

G. Chevrier. — Guerre et Théosophie . .	0 75

PUBLICATIONS THÉOSOPHIQUES

81, rue Dareau, Paris, XIV

CONFÉRENCES ET COURS

Salle de Lecture. — Bibliothèque. — Réunions.
Au siège de la Société : 4, Square Rapp, VII.
Le Siège de la Société est ouvert tous les jours
de la semaine de 3 à 6 heures, prière de s'y adresser
pour tous renseignements.

SAINT-AMAND (CHER). — IMPRIMERIE BUSSIÈRE

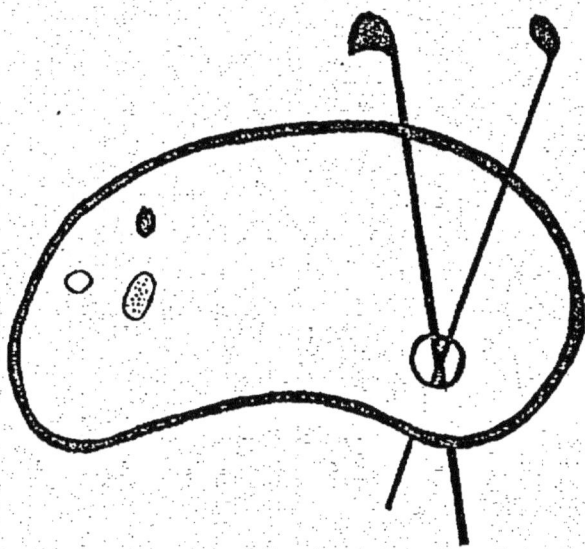

ORIGINAL EN COULEUR
NF Z 43-120-8